Sylt

Die Hausinsel der Deutschen – Friesenhäuser, Watt und Winterwonnen

Liebe Leserin, lieber Leser,

wenn in Hamburg ein Freund dem anderen ankündigt, er führe am Wochenende auf die Insel, dann kommen erst gar keine Zweifel auf: Der Mann fährt nach Sylt. Jahrzehntelang war das nordfriesische Eiland die Hausinsel der Hamburger, wenn nicht die Insel der Deutschen schlechthin.

Seit ein paar Jahren jedoch wird diese unangefochtene Stellung ein wenig erschüttert. Seit Usedom und Rügen nun auch für die Deutschen aus der alten Bundesrepublik ein erreichbares Urlaubsziel sind, verbringen immer mehr Menschen die schönsten Wochen des Jahres auf den mecklenburg-vorpommerschen Inseln.

Ob der Boom an der Ostsee direkt zu Lasten von Sylt geht, mag ich an dieser Stelle nicht beurteilen. Tatsache ist: Ganz so selbstverständlich wie früher ist der Strom der Reisenden über den Hindenburgdamm nicht mehr.

So verständlich dies angesichts der gewachsenen Konkurrenz sein mag, so wunderbar und nordseewellenwild tritt Sylt seinen Besuchern gegenüber. MERIAN-Reporter waren dort im Winter, im Sommer und haben versucht, für Sie den einzigartigen Zauber einzufangen. Lassen Sie sich gefangen nehmen.

Viel Spaß beim Lesen.

Herzlich, Ihr

Andreas Hallaschka
MERIAN-Chefredakteur

NACKTEN TATSACHEN konnten Autor Marc Bielefeld (l.) und Fotograf André Zuder (r.) während ihrer Lustfahrt am Weststrand nicht immer ausweichen (hier mit Badegast Manfred Hildeborn). **Seite 34**

ZU HOLIDAY ON ICE wurde die Winterrecherche von Autorin Anja Haegele und Fotograf Marc-Oliver Schulz. Auf Sylt seltener Frost hatte Watt und Wenningstedter Weiher verzaubert. **Seite 90**

WOLFGANG MENGE, Doyen des deutschen Fernsehjournalismus, gehört zu den vielen Medienmenschen, die auf Sylt ein Häuschen haben. Seine Sicht auf die Insel im Interview ab **Seite 30**

Verlosung

MERIAN verlost zehn Exemplare des Nachdrucks von Ernst Haeckels Werk „Kunstformen der Natur" aus dem Prestel-Verlag, mit denen wir das Thema ab **Seite 66** illustriert haben. Einsendungen per Post an die Redaktion oder per e-Mail: info@merian.de – Kennwort „Haeckel".

>> **Mehr MERIAN im Internet: www.merian.de**

INHALT

Sylt

RUBRIKEN

SEITE 76

FERIENWOCHE ZUM NULLTARIF

Wer bereit ist, gegen Kost und Logis anzupacken und zur Not im Telefonhäuschen zu übernachten, hat eine Chance

MERIAN | Info >>SEITE 108

>> Titelthemen

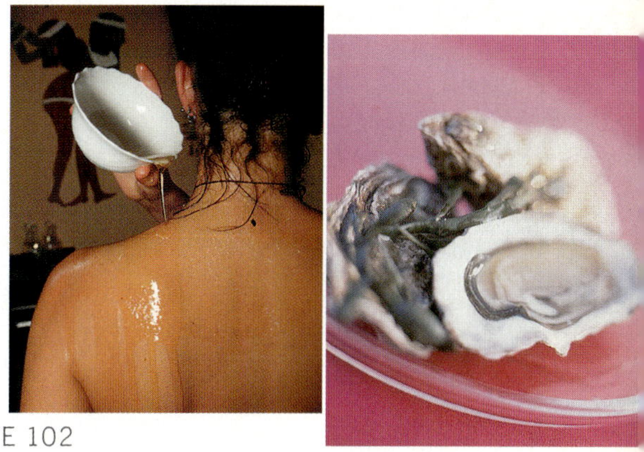

SYLTAIR

1949

1961

1975

1989

Sylt wurde bereits 1949 von MERIAN entdeckt („Nordfriesland"). Die späteren Hefte widmeten sich immer auch den Nachbarinseln. Somit ist Sylt 2003 eine Premiere

1902

Die Bauten der hölzernen Strandpromenade brannten 1911 ab. Im Apartmenthaus „Metropol" (1966-68) stapeln sich 360 Wohnungen auf 16 Geschossen

2003

WESTERLAND

Zeitsprung

Anfang der Siebziger erreichte die Sylter Bauwut ihren Höhepunkt: Neben dem Strandhochhaus „Metropol" sollte eine 80 Meter hohe, 28-stöckige Bettenburg für 3000 Gäste in den Himmel wachsen. Trotz 18000 Gegenstimmen einer Bürgerinitiative konnte erst ein Bauverbot des Landesinnenministers die Stadtverwaltung stoppen.

LAMM

schon vor**gesalzen**

Pflanzen wie Andel, Strandwegerich und Meeresdreizack, die nur auf dem zeitweise überfluteten Deichvorland, den Salzwiesen, gedeihen, sichern das kulinarische Wohl nicht nur der so genannten Salzwiesenlämmer. Ihren würzigen, andeutungsvoll salzigen Geschmack verfeinert die Sylter Küche mit Wacholder und Lorbeer zur Delikatesse – serviert mit einer Sauce mit Thymian, Estragon und Petersilie.

HINDENBURGDAMM

Gold**Shuttle**

Man munkelt, der 11,2 Kilometer lange Deich durchs Watt sei die einzige rentable Strecke der Deutschen Bahn (Hin- und Rückfahrt mit Auto ab 65€). Über das 1927 vom Reichspräsidenten nach siebenjähriger Bauzeit eingeweihte Bauwerk rollen täglich 100-120 Züge.

125
JAHRE
WEMPE
WEMPE
ZEIGEN SIE, WAS SIE
WIRKLICH FÜHLEN.
SIE LACHEN ZU LAUT, SIE FEIERN ZU VIEL,
SIE SCHLAFEN ZU WENIG. BELOHNEN SIE SICH
FÜR EIN WUNDERBARES LEBEN.
Den Kreuzanhänger in 18 K Weißgold aus der Kollektion „Illumination" mit Brillanten erhalten Sie in unseren Geschäften in: Hamburg Berlin München
Hannover Düsseldorf Dortmund Frankfurt Mannheim Stuttgart Bremen Nürnberg Leipzig Dresden Köln Kampen/Sylt London Madrid Paris Wien New York MS Europa www.wempe.de

Stürme jagen die See über die befestigte Promenade in Westerland (links). Das „Haus Kliffende“ bei Kampen, geschützt von mit Sand gefüllten Textilwülsten (oben), überstand den Orkan „Kerstin“ im Januar 2000

LANDVERLUST Auf **Sand** gebaut

Sylt schrumpft. Seit dem 14. Jahrhundert ist es um zwei Drittel kleiner geworden, zerschlagen von Jahrhundertfluten wie 1436, als Inselorte wie Eidum im Meer versanken. Heute kommen, bedingt durch ein verändertes Klima, einstige Monsterfluten alle paar Jahre. Die Nordsee-Brecher sind seit den Sechzigern um ein Viertel höher, die Stürme häufiger, und ihre rohe Gewalt beißt regelmäßig Brocken aus Strand und Sandkliffen. Dagegen helfen weder Tetrapoden aus Beton noch stählerne Buhnen. Nur Sand, dem Meer regelmäßig als Spielmasse auf den Strand gespült, bremst die Erosion.

WINDKRAFT **Glitzern** am Horizont

2030, nach dem Abschalten des letzten AKW, sollen Windkraftwerke ein Viertel des deutschen Stroms liefern. 20 000 Megawatt könnten bis dahin aus Nord- und Ostsee stammen. 30 Anträge für Hochsee-Windfarmen sind bisher eingegangen, darunter auch für den Standort „Butendiek“, 35 Kilometer westlich von Sylt. Dort sollen 80 Turbinen mit einer Höhe von 125 Metern bereits ab 2006 Wind ernten und in Öko-Strom umwandeln. Die Auswirkungen des gigantischen Projekts sind ungewiss. Immerhin stößt die Anlage unmittelbar an das gerade eingerichtete Schutzgebiet für Schweinswale. Eines ist jedoch sicher: Nur bei gutem Wetter werden die Rotorspitzen von Sylt aus sichtbar über dem Horizont aufblitzen.

So wie im dänischen Windpark Middelgrunden könnten die Rotoren vor Sylt aussehen

INSELIDENTITÄT Weites **Herz**

Das Sylter Friesisch, Söl’ring, ist der Lokaldialekt einer eigenständigen Sprache, verwandt mit Altenglisch und Altniederdeutsch. Friesen aus dem heutigen Holland brachten es mit, als sie die Insel im 7. Jahrhundert besiedelten. Neben dem Söl’ring sprechen etwa 10 000 Menschen einen der neun nordfriesischen Dialekte, etwa Fering-Öömrang auf Föhr und Amrum.

SÖL’RING	DEUTSCH
Gur Mairen	Guten Morgen
Gud Dai	Guten Tag
Gur Inj	Guten Abend
Wiis sa gur	Bitte schön
Fuul Dank	Vielen Dank
Ailön	Insel
bech	bauen
Buurenstair	Hof
Hingst	Pferd
Ingi	Wiese
Jöl	Feuer
Müs	Maus
Staal	Tisch
Serk	Kirche
Skair	Löffel
sliip	schlafen
„Rüm Hart, klaar Kiming!“	„Weites Herz, klarer Horizont!“

Testsieger erkennt man am blauen Punkt.

OK TravelPilot DX-V mit Monitor wide screen und Stauumfahrung nach Verkehrslage.

Navigation

- TravelPilot DX-V Connect 5/2002 Gesamturteil: Gut
- TravelPilot DX-N online Auto Connect 1/2002 Gesamturteil: Gut
- TravelPilot DX-N online Connect 3/2002 Testsieger
- TravelPilot DX-N Auto Straßenverkehr 10/2001 Testsieger
- TravelPilot DX-R70 autohifi 5/2001 Kaufwert: sehr gut
- TravelPilot DX-R70 Connect Leserwahl Produkt des Jahres '01 1. Preis
- TravelPilot DX-R70 Stiftung Warentest 01/2002 Gut

Autoradios

- Los Angeles MP72 CAR & HIFI 5/2002 Oberklasse
- San Francisco CD72 CAR & HIFI 1/2003 Beste UKW-Empfänger
- San Francisco CD70 autohifi 3/2001 Testurteil: sehr gut
- San Francisco CD72 autohifi 1/2003 Absolute Spitzenklasse
- Woodstock DAB 52 autohifi 2002 Spezial Absolute Spitzenklasse
- Casablanca CD51 autohifi 4/2001 Spitzenklasse
- Seattle CD72 autohifi 6/2002 Spitzenklasse
- Acapulco CD51 CAR & HIFI 2/2002 Oberklasse
- Acapulco CD51 autohifi 3/2002 Spitzenklasse

MP3-Player

- Compact Drive MP3 autohifi 2/2002 Urteil: empfehlenswert

Virtuelle Simulation

► www.blaupunkt.com

BLAUPUNKT

Der Pluspunkt im Auto.

KAMTSCHATKA-ROSE

Stachel**schöne**

Rosa rugosa: Ihr Duft durchdringt die Kindheitserinnerungen mit süßem Sommer. Was heute „Sylt-Rose" heißt, kam 1890 als zäher Windschutz aus Sibirien. Weil es am Meer selten friert, überwuchert die Staude die Insel mit einem Dornröschenschleier.

UWE-DÜNE BEI KAMPEN

Steile **Spitze**

Sylts Matterhorn ist 52,5 Meter hoch. Zu bezwingen über 109 Holzstufen zum Aussichtspunkt mit Gipfelblick. Namensgeber ist Uwe Jens Lornsen aus Keitum. Er setzte sich im 19. Jahrhundert für größere Eigenständigkeit gegenüber Dänemark ein.

BAYWATCH

Schicke **Retter**

Locker drauf, sonnenbraun, Waschbrettbauch: Sylter Rettungsschwimmer sind Blickfänge am Strand. Zum Fulltime-Sommerjob, begehrtes Ziel der Inseljungs, gehören Wiederbelebungsschein und Härtetest im Nordweststurmgischt. Wer gewinnt, hat eine Saison lang das Sagen am Strand.

VERKEHR

Schräge **Züge**

Begonnen 1888, um Kurgäste vom Hafen Munkmarsch nach Westerland zu bringen, erschloss die Inselbahn ab 1908 Sylt auf ganzer Länge. Die Schienen verliefen romantisch, aber unfallträchtig im Dünensand. Da hatte das Auto die besseren Chancen. Auch selbst konstruierte Schienenbusse konnten das Unternehmen nicht retten – 1970 verkehrte der „Dünenexpress" zum letzten Mal.

SYLT an zehn Fingern

60 Millionen	Euro Kosten für Sandaufspülungen seit 1972
37 Millionen	Liter/Sekunde Ebbstrom durchs Hörnumtief
657 000	Gäste pro Jahr
55 000	Euro sind bisheriger Spielbank-Höchstgewinn
49 500	Gästebetten
25 000	vor Sylt gerettete Schiffbrüchige seit 1891
20 800	Einwohner
11 000	Strandkörbe
8000	Jahre alt: die ältesten Dünen der Insel
1750	Sonnenstunden pro Jahr (Westerland)
644	Meter tief liegt die Sylt-Quelle bei Rantum
500	Betten stehen in Jugendherbergen
100	Meter misst die schmalste Stelle der Insel
70	Taxis fahren über die Insel
36	offizielle Badestellen
32	Rettungsstationen an der Küste
28	Strandkioske
7	Jahre hält ein Strandkorb
3,6	windstille Tage im Jahresmittel
1,5	Meter dick war 1963 das Eis im Watt

SURF WORLD CUP

Europas größtes Fun-Sport-Event bringt nicht nur die besten Surfer und Surferinnen nach Sylt, sondern auch die längste Party der Saison. Eine Woche lang kämpfen die Cracks auf den Wellen tagsüber mit dem Wind und abends mit dem Wodka. In einer Halle am Flughafen vibriert dann die viel gerühmte Sylter Luft.
www.world-cup-sylt.de

WEIHNACHTSBADEN

So wird auch der Winter zur Wassersaison. Seit 1985 stürzen sich jedes Jahr mehr Mutige vor Westerland ins Meer, knapp über Null. Richtige „Walrösser" tragen zum Spaß auch noch Kostüm. Die Zuschauer, Tausende sind extra angereist, jubeln

SYLT | FLOP

AUF KEINEN FALL SOLLTEN SIE ...

>> ... sich einschüchtern lassen vom forschen Ton oder der Unfreundlichkeit mancher Sylter. Sie meinen das nett.
>> ... ohne Kompass, Gezeitenkalender und Uhr in das offene Watt gehen. Die Flut ist immer schneller.
>> ... die Vordünen am Strand betreten oder sich gar zum Kuscheln in ihnen niederlassen. Sie halten den Rest der Insel gegen Sturm und See zusammen.
>> ... baden gehen, wenn zwei rote Bälle an den Häuschen der Rettungsschwimmer gehisst sind. Die Brandung an der Westküste kann tückisch sein.
>> ... über die Kurabgabe mit den Strandwärtern diskutieren. Hat noch nie etwas gebracht. Und außerdem sind die bezahlten Rettungsschwimmer ja schön anzusehen.
>> ... Ihr Auto in Westerland ohne Parkschein abstellen. Gibt sofort einen Strafzettel.

PARTIES UND EVENTS

Das ganze Jahr **Hochsaison**

RITMO DE BACARDI-PARTY Partyluder, geeiste Drinks und Musik aus Boxen, fett wie Litfaßsäulen, verwandeln den Strand von Sansibar-Süd im Juli in ein Open-Air-Happening auf Großstadtniveau. Mehrere tausend vornehmlich junge Menschen hüpfen vor einer von Strahlern illuminierten Strandkulisse direkt am Wasser herum. Viva-Moderatoren und Stars heizen zusätzlich ein. **www.bacardi.de**

BUHNE 16 Eine Einladung ist nicht nötig, aber bequeme Schuhe (oder gleich barfuß kommen). Am Strand von Kampen stellen Sven und Tim Behrens vor dem Bistro einige Male im Jahr von April bis September Palmen auf, hängen eine Diskokugel in die schwarze Nacht und machen richtig gute Musik. Eine Lichtmaschine projiziert im Takt der House-Klänge Fantasiebilder auf die Sandbank. An die 2000 schöne Menschen pilgern durch die Dünen und wollen kein Ende finden. Freunde der Besitzer ankern auch gern mal mit ihrem Segelschiff vor der location, das gibt dann ein ganz karibisches Inselgefühl. Nightlife-Highlight für Szenegänger in der ganzen Republik. **www.buhne16.de**

CLUB ROTES KLIFF-MOTTOPARTY Ob „A trip to Hawai" oder „Venezianische Nacht"– das Thema dieses festen Bestandteils Kampener E-Kultur wird von München bis Hamburg heiß erwartet. Szene-Wirt Peter Kliem lädt exklusiv per SMS in seinen Promikeller. Aber auch eine richtig gute Verkleidung wird an der Tür nicht abgewiesen. **www.club-rotes-kliff.de**

KAMPENER EIERLAUF Wenn auf der Whiskystraße Fußballmanager und Fernsehmoderatoren in Bunnykostümen Hühnereier auf einem Esslöffel im Mund balancieren, ist das nicht etwa Karneval auf Friesisch, sondern natürlich Ostern auf Sylt. Das Happening für die große liebe Familie der Stars und Sternchen organisieren Kampener Gastronomen am Ostersonntag auf dem Strönwai.

SYLT | TOP

UNBEDINGT SOLLTEN SIE ...

>> ... Lister oder Hörnumer Hafenatmosphäre schnuppern: Nordsee-Romantik zwischen Krabbenkuttern, Rettungskreuzern und Budenzauber.
>> ... sich ein Gourmet-Menü bei den Sterneköchen Jörg Müller oder Johannes King gönnen, auch wenn es die Tage danach sparen heißt.
>> ... auch mit dem Bus zum Strand fahren (innerhalb von Westerland für Autozuggäste frei). Die Parkplätze sind in der Hochsaison schnell überfüllt und auch teuer.
>> ... die Hörnum-Odde umwandern, den südlichen Nehrunghaken. Dort wirken die Strömungs- und Brandungskräfte der See am stärksten. Dauert etwa zwei Stunden.
>> ... einen deutsch-dänischen Gottesdienst erleben mit Pastor Jon Hardon Hansen in der kleinsten Insel-Kirche, dem Stall eines Friesenhofes von 1780. Am letzten Sonntag im Monat um 10.30 Uhr.

Bernd Lange
Verweiler
Als ich 7 war, war es der Platz vorm Fernseher.
Mit 16 die Terrasse meiner Freundin.
Mit 18 das Auto meines Vaters.
Mit 31 der Frühstückstisch mit meinen Kindern.
Mit 45 mein Boot.
Jetzt will ich das ganze Jahr in meinem Haus am Strand verbringen.
LONG LIVE DREAMS
American Express® hilft Ihnen, Ihr Vermögen zu verwalten, damit Sie später einmal
so lange an Ihrem Lieblingsort verweilen können, wie Sie es wollen.
Für nähere Informationen wählen Sie 0 69/97 97 44 44, oder besuchen Sie americanexpress.de
AMERICAN EXPRESS

Tauchen Sie ein in die warmen Fluten des Roten Meeres.

Verfolgen Sie regenbogenfarbene Fische durch tropische Korallenriffe. Bestellen Sie alle Köstlichkeiten aus den besten Küchen der Welt.

Oder genießen Sie einfach ganzjährigen Sonnenschein an unberührten, goldenen Stränden.

Wählen Sie Ihren Favoriten unter den glanzvollen Resorts, von vielen Urlaubern noch unentdeckt.

Ein kurzer Flug übers Mittelmeer, und schon sind Sie da.

Die Riviera des Roten Meeres, das sind tausend Meilen sonnendurchfluteter Strände, gesäumt von erstklassigen 5-Sterne Hotels und luxuriösen Strandeinrichtungen.

Atemberaubende Wassersportarten konkurrieren mit sattgrünen

TABA • NUWEIBA • DAHAB • SHARM EL SHEIKH • EIN SOUKHNA • EL GOUNA • HURGHADA • SOMA BAY • MAKAD

LUST AUF NORDSEE

Himmel und Meer, Dünen und Reet in den Farben des Ferienglücks. Am Sylter Weststrand endet Deutschland im Meer. Nirgendwo ist eine Landschaft elementarer, die Wirkung von Sonne, Wind und Salz direkter. Ein Rausch für alle Sinne

„Haus Kliffende" in Kampen beherbergte schon Thomas Mann, Emil Nolde und Hermann Göring. Im Winter ist es stets von Sturmfluten bedroht

Foto: Marc-Oliver Schulz

Warten auf die Welle bei Buhne 16 am Strand von Kampen. Die vorgelagerten Sandbänke sorgen fast immer für eine spektakuläre Dünung

KAMPFSPORT IM WASSER An die Nordsee fährt man nicht zum Brustschwimmen, sondern zum Brandungsbaden

Foto: Hans Jessel

Foto: Hans Jessel

Nordseewellen vertont: Musikmuschel auf der Westerländer Kurpromenade

Frühsport im weichen Sand: Gruppen-Skulptur der Strandläufer

Buhnen aus Pfählen und Steinen zum
Schutz des Strandes gibt es seit
1869. Heute helfen Sandaufspülungen

SEELUFT BEFREIT Die Weite des Horizonts,
der Spaß am Strand, die Lust am Klang

DIE SEE HOLT SICH DAS LAND Eine Strandidylle auf Zeit. Niemand weiß, wie nach den nächsten Winterstürmen die gefährdete Kliffkante vor Kampen aussehen wird

Foto: Hans Jessel

Das Kampener Rote Kliff im Abendlicht.
Auswaschungen in der Lehmkante zeigen:
Unaufhaltsam nagt die See an der Insel

Foto: Günter Gräfenhain

Keitum zelebriert seine Vergangenheit als Inselhafen und Heimat von hartem Friesengewächs

1300 Schafe, auch „Pulloverschweine" genannt, fressen die Salzwiesen kurz

Magere Erde. Die Braderuper Heide ist ein Reststück authentischer Inselnatur. Jenseits der Wattbucht liegt List am Horizont

DIE BESTEN SEITEN DES WATTS Mit dem Rücken zum Meer, karg auf den ersten Blick, doch von stillem Zauber

CAPRI DES NORDENS An manchen Sommertagen ist die See vor der Westküste still wie das Mittelmeer. Und es bleibt 17 Stunden lang hell

Foto: Günter Gräfenhain

Während der Ostwind die Fahnen seewärts dreht, genießen die Gäste des Wenningstedter Strandbistros auf der geschützten Terrasse den lauen Abend

Foto: Paul Spierenburg

„SYLT MACHT GELASSEN"

MERIAN-Autor Emanuel Eckardt im Gespräch mit dem Fernsehjournalisten Wolfgang Menge

Wanderpause bei Wonnemeyer. Wie hier in Wenningstedt locken überall am Weststrand Bars zur entspannenden Rast

Meeressand auf Wanderschaft. Die „Sylter Sahara" bei List, zwei Kilometer lang, 600 Meter breit und 30 Meter hoch, kriecht jedes Jahr eine Autolänge ostwärts

MERIAN: Was suchen Sie auf Sylt?
Wolfgang Menge: Nichts.
Nichts?
Ich habe alles, was ich brauche, schon gefunden. Ich habe dort ein Haus. Ich arbeite da.
Was finden Sie auf Sylt, außer Arbeit? Worauf freuen Sie sich?
Ich freue mich auf die Luft. Sie ist wesentlich besser als anderswo. Ich kann daher auch wesentlich besser arbeiten.
Was tun Sie, wenn Sie nicht arbeiten?
Ich denke über die Arbeit nach.
Was lieben Sie an Sylt? Oder, damit Sie nicht wieder mit der Arbeit kommen: Was gibt es nirgendwo sonst?
Das Klima. Es unterscheidet sich von allem, was ich kenne auf der Welt. Es ist einmalig.
Was mögen Sie nicht an Sylt?
Ostwind. Den mag keiner hier. Er verursacht mir Kopfschmerzen. Stört mich beim Arbeiten.
Was ist das Besondere am Westwind?
Im Westen liegt Schottland. Aber ganz weit weg. Dazwischen liegt sehr viel Nordsee, so dass es hier keine Industrieabgase gibt.
Mögen Sie keine Berge?
Ich weiß nicht, was ich da soll. Mir geht es wie dem Maler Max Liebermann. Als er gefragt wurde, wie ihm die Schweiz gefallen habe, hat er geantwortet: Ich habe sie gar nicht gesehen. Es waren immer Berge davor.
Gehen Sie gern in Restaurants?
Ich koche lieber selbst. Ich will ja gut essen. Wenn ich Geld habe, gehe ich zu Jörg Müller. Ich geh aber auch mit Otto und Beate Rehagel zu Gosch. Und einmal im Jahr ins „Sansibar".
Warum nur einmal im Jahr?
Hermann Schreiber lädt mich da immer zu seinem Geburtstag ein.
Kann man auf Sylt die Welt vergessen?
Ich glaube ja. Ich bin viel großzügiger im Öffnen von Post.
Was heißt das? Man kann doch nur öffnen, was man kriegt…
Eben. Post mache ich selten gleich auf. Nur was vom Finanzamt kommt. Auf Sylt habe mir angewöhnt, Briefe nach acht Wochen ungeöffnet wieder mit nach Berlin zu nehmen. Und ich habe nie das Gefühl, dass ich etwas versäume. Sylt macht einen gelassen.
Werden Sie auf Sylt denn nicht von Anrufen verfolgt, von Faxen, Mails, Interviewwünschen?
Das hält sich in Grenzen. Das meiste lehne ich ab. Interviews gebe ich selten, und wenn, dann nur dem Fernsehen. Ich bevorzuge die Sender, die mich oft wiederholen.
Wie lange sind Sie schon auf Sylt?
Seit 1946.
Was trieb Sie hierher?
Hunger. Ein englischer Offizier hatte mir den Tipp gegeben, weil ich so erbärmlich aussah. Wenn ich mehr essen wollte als meine Lebensmittelmarken hergeben, dann sollte ich mal zu einem Bauern fahren, wo man für fünf Mark wohnen und sich zweimal am Tag satt essen konnte. Ich bin nachts in Kampen angekommen, das hatte damals noch einen Bahnhof. Und erst auf der Rückfahrt habe ich gemerkt, dass ich auf einer Insel gewesen war. Das wollte ich mir genauer ansehen.
Und haben gleich ein Haus gekauft?
Wovon denn? Ich hatte doch kein Geld. Erst 1961 hat es dann für ein Grundstück gereicht.

Warum gerade in Braderup?
Eigentlich wollte ich schon viel früher ein Grundstück in Kampen kaufen, gegenüber der Familie Gogarten. Es sollte drei Mark pro Quadratmeter kosten. Die alte Mutti Gogarten hat mir das ausgeredet. Wolfgang, sagte sie, ich habe 80 Pfennig dafür bezahlt. Mehr als 1,20 Mark ist es nicht wert. Das ist zu teuer für dich. Warte man noch'n büschen, bis es billiger wird. Ich hab' auf sie gehört. Vor 20 Jahren wurde es für vier Millionen verkauft.
Würden Sie sich denn heute dort wohlfühlen?
Sicher nicht. Braderup gefällt mir besser. Als ich dort das Grundstück kaufte, gab es keine Straße, sondern nur einen Matschweg. Mein Grundstück lag zwischen einem Kornfeld und einem Naturschutzgebiet. Ein Glücksfall. Ich konnte ja nicht voraussehen, dass hier nicht auch so'n Trubel entstehen würde. 1964 habe ich dann, ohne Architekt, ein Fertighaus nach meinen Bedürfnissen entworfen. Allerdings habe ich den Rohbau nach dem Richtfest wieder abreißen lassen.
Wo lag das Problem?
Er stand verkehrt rum. Die Fremden bauen ihr Haus gern mit der Fensterseite zum Watt. Da dachte der Bauunternehmer: Der will das sicher auch so, der Blödmann hat es nur falsch aufgezeichnet. Ich wollte es aber andersrum: die Fenster zum Licht, nach Süden.
Und sonst ist alles noch so wie damals?
Es gab bis heute keinen Grund, etwas zu ändern. Der einzige Fehler, den ich gemacht hatte: Die Fensterbank in der Küche ist zu tief. Ich kann die Fenster nur aufklappen, aber nicht öffnen.
Hat Ihr Haus ein Reetdach?
Die sind hier Vorschrift.
Wie viel Quadratmeter Sylt besitzen Sie?
Genau weiß ich es nicht. Um die zweitausend.
Ein Millionenobjekt ...
Damals nicht. Ich hab' 14,50 Mark pro Quadratmeter dafür bezahlt, knapp 30 000 Mark insgesamt.
Liegt das Haus hoch genug, um nicht überspült zu werden?
Wir sind hier zuletzt dran. Ich werde das wohl nicht mehr erleben. Ich bin jetzt 79.
Lieben Sie die Natur?
Nein. Aber ich mag Naturlandschaften wie in Schottland. Und ich mag Natur ohne chemische Zusätze, das Sylter Wasser zum Beispiel. 1964 habe ich für das neue Haus eine Geschirrspülmaschine gekauft. Ich habe sie nie entkalken müssen.
Engagieren Sie sich für die Natur?
Nein. Ich habe eine gute Freundin, eine grüne Goldschmiedin in Morsum, die mir ab und zu erzählt, was nun alles wieder bedroht ist. Das beruhigt mich, weil die Natur bei ihr in guten Händen ist.

XXL am Sylter Flughafen. Auf seinem Rollfeld kann auch ein Airbus landen

Arbeiten Sie im Garten?
Ich kümmer' mich um die Kräuter, die ich für die Küche brauche, und um die Kartoffeln.
Hatten Sie nie einen Hund?
Zu Hunden äußere ich mich nicht.
Warum nicht?
Meine Frau hat vier. Ich will das wirklich nicht öffentlich kommentieren. Ich brauche keinen Hund, um die Natur zu genießen. Es genügt mir, wenn ich sie beim Arbeiten vor dem Fenster habe. Ich wohne im Grünen. Wenn ich in Berlin spazierengehen will, fahre ich in die Innenstadt. Da kann ich wenigstens Schaufenster gucken.
Gehen Sie gern ins Wasser?
Baden in der Brandung finde ich toll.
Auch bei 16 Grad?
Der Schock ist nur die erste Welle. Danach ist es nur noch schön.
Baden Sie nackt?
Ich hab' mir im letzten Jahr zum ersten Mal eine Badehose gekauft. FKK, das ist vorbei. Die jungen Leute wollen ihre modischen Badeklamotten zeigen. Es ist bescheuert: Im Fernsehen läuft kein Film mehr ohne Nacktszenen. Aber am Strand will das keiner mehr sehen.
Mögen Sie Strandkörbe?
Ich hasse die Dinger. Als sie in den fünfziger Jahren in Kampen anfingen, die ersten Strandkörbe aufzustellen, habe ich mich in Rantum eingemietet.
Wo halten Sie sich denn auf, wenn Sie am Strand sind?
Am liebsten in den Dünen. Aber das ist jetzt leider verboten. Wir haben immer in den Dünen gelegen, unsere Kuhle gesucht, fünf Meter Abstand zum Nachbarn und doch völlig für uns. Das Betreten der Dünen zu verbieten, ist doch Schwachsinn. Was für einen Sinn macht es, die Dünen zu schützen, wenn man nicht drin liegen kann?
Leiden Sie unter den Veränderungen der Insel?
Ich leide nicht. Ich registriere sie. Ich sehe, dass sich alle Entwicklungen einer modernen Großstadt auf Sylt potenzieren. Früher gab es in Kampen einen Fleischer, einen Bäcker, eine Drogerie und einen Fischhändler. Heute haben Sie alle Läden, die Sie auch in Düsseldorf finden, Juweliere, teure Mode, all das Zeugs, das ich nicht brauche.
Gibt es einen Sylter Dress-Code?
Kann sein. Kenn ich nicht. Früher war es ungezwungen. Ob Berthold Beitz,

Reinhard Mohn oder Axel Springer. Cordhose und Pullover genügten.

Mit der Schickeria kam auch der Aufstieg der Gastronomen. Haben Sie deren Karrieren verfolgt?

Es war immer ein Aufstieg der Zapfer. Rolf Seiche, heute der große Gastronom auf der Insel, zapfte früher Bier in der Tenne. Und der Wirt der Tenne zapfte früher Bier im „Pony". Es lief immer nach diesem Prinzip: Einer macht ein Lokal auf, heuert einen Zapfer an. Der macht ein Lokal auf, heuert einen Zapfer an, der macht ein Lokal auf und so fort.

Stört Sie der viele Verkehr auf der Insel?

Nein, weil ich Frühaufsteher bin. Ich habe kurz nach neun meine Einkäufe erledigt. Und das ist eine Zeit, wo ich immer einen Parkplatz finde.

Was fahren Sie?

Einen Audi A6 mit Achtzylindermaschine und idiotisch breiten Reifen.

Haben Sie kein Fahrrad?

Doch. Das nehm' ich manchmal auch. Aber nur, wenn ich schnell noch was besorgen will. Ich mache keine Touren, denn ich bin nicht neugierig auf die Insel. Rudolf Walter Leonhardt ist jedesmal, wenn er kam, in drei Tagen einmal um die Insel gelaufen, 110 Kilometer. Den Süden der Insel kenne ich kaum. Vor drei Jahren bin ich zum ersten Mal in Hörnum gewesen, weil ich Katja Ebstein dort vom Schiff abholen wollte.

Und, gefiel es Ihnen?

Ich muss da nie wieder hin.

Sind es die Touristenmassen, die Sie stören?

Man kann auch in der Hochsaison ganz allein am Strand sein. Die Leute haben die Neigung, sich in Klumpen zu ballen. Wenn einer ins Wasser geht, gehen die anderen auch. Aber an der selben Stelle.

Wären Sie gern auf einer einsamen Insel?

Eine schreckliche Vorstellung. Ich bin gern allein. Einsam bin ich nie.

Wird Massentourismus die Zukunft der Insel prägen?

Weiß ich nicht. Die wenigsten Menschen haben das Glück, ortsunabhängig arbeiten zu können wie ich. Also haben sie nur die paar Urlaubswochen, um nach Sylt zu fahren. Deshalb kommen sie in Massen, auch Camper und Billigtouristen. In der Hochsaison ist das wenig erfreulich, aber nicht zu vermeiden.

Gibt es so etwas wie das geistige Sylt?

Vielleicht gab es das mal, als Siegfried Jacobsohn hier noch die „Weltbühne" redigierte und die Manuskripte zum Hafen nach Munkmarsch brachte, weil es noch keinen Damm gab. Oder die Clique um Ernst von Salomon oder Hans Zehrer im „Klenderhof" hauste. Ich glaube eher, Sylt ist eine Insel der Journalisten und Korrespondenten. Das geistige Klima von Sylt finden Sie am konzentriertesten auf dem Friedhof von Keitum. Da liegt der Verleger Peter Suhrkamp, und Rudolf Augstein, glaube ich, auch.

Und das geistliche Sylt? Die St. Severins-Kirche in Keitum hat einigen Zulauf…

Ich vermute, das sind vor allem Touristen.

Das kulinarische Sylt?

Mir fehlen die Fischer. Früher landeten die Krabbenfischer in List. Als Beifang hatten sie kleine Seezungen, Stück 'n Groschen. Das kulinarische Sylt, das war ein Muschelfischer, 1,50 groß, und seine Frau, die war das Doppelte, zumindest an Tonnage. Als sie starb, hat er den Kummer nicht ausgehalten. Jetzt ist der Betrieb an die Holländer verkauft, wie alles hier.

Nennen Sie eine echte Sylter Spezialität. Was gibt es noch außer Schietwetterbonbons?

Die Steinpilze in meinem Garten. Es gibt guten Käse, Ziegenkäse, Schafskäse. Eine echte Sylter Delikatesse ist das Deichlamm.

Haben Sie einen Tipp? Wann ist die beste Zeit dafür?

Keine Ahnung. Ich kann mir nur merken, wann die frischen Matjes kommen. Auf den Juni freue ich mich jetzt schon.

Seebäderromantik an Westerlands Friedrichstraße. Nicht alle alten Häuser wurden abgerissen

Wolfgang Menge, *geboren am 10. April 1924 in Berlin, Journalist, Drehbuchautor und Talkmaster, wuchs in Hamburg auf und begann als Nachrichtenredakteur beim* German News Service, *einem Vorläufer der* Deutschen Presseagentur. *Er schrieb zahlreiche Drehbücher für Film und Fernsehen. Edgar-Wallace-Krimis, die Serie „Stahlnetz" und die ersten „Tatort"-Krimis tragen seine Handschrift. Er schuf in der Serie „Ein Herz und eine Seele" Figuren wie „Ekel Alfred" und später „Motzki", schrieb Drehbücher für schockierende, scheinbar realistische Fernsehereignisse wie „Das Millionenspiel" und „Smog" und Fernsehfilme wie „Spreebogen" oder zuletzt „Kelly Bastian – die Geschichte einer Hoffnung". Er wurde mit zwei Adolf-Grimme-Preisen und dem „Deutschen Fernsehpreis" ausgezeichnet, dem „Prix Italia", dem Schiller-Preis der Stadt Mannheim und einem „Bambi". Menge ist verheiratet, hat drei Söhne und lebt in Berlin-Zehlendorf, Hamburg-Altona und Braderup auf Sylt.*

Emanuel Eckardt, *Jahrgang 1942, lebt als freier Autor in Hamburg.*

ICH SEHE WAS, WAS DU NICHT SIEHST.
807
DER NEUE PEUGEOT 807.
MIT DREI GLAS-SCHIEBEDÄCHERN*.
www.peugeot807.de *optional
Im neuen PEUGEOT 807 sehen Sie mehr, als Sie in anderen Autos sehen. Denn mit drei zu öffnenden Glas-Schiebedächern* sorgt er für völlig neue Perspektiven. Und dank des 2.2 l HDi FAP-Dieseltriebwerks mit 94 kW (128 PS), das die Rußpartikel verbrennt, bevor sie in die Atmosphäre gelangen, hat auch die Umwelt beste Aussichten. Freuen Sie sich auf eine Technologie, die Ihnen und der Umwelt das Leben angenehmer macht.
DER NEUE PEUGEOT 807. PHANTASTISCHE TECHNOLOGIE.
807
PEUGEOT

Strandort Deutschland

Wer den Sylter Weststrand zu Fuß abläuft, bekommt nicht nur imposante Natur zu sehen, sondern gewinnt auch erstaunliche Einblicke in die Natur unserer Nation

Text: Marc Bielefeld, Fotos: Samuel Zuder

2210
2206
2292

Sylt gehört den Deutschen. Ausländer machen hier keinen Badeurlaub. Sie arbeiten nur

77
53

Dampfer, Wasser, Kinderglück: Hörnum zur Hochsaison. Solche Bilder halten ein Leben lang

Es ist kurz nach elf Uhr morgens, als Schalke-Fan Manfred Hildeborn seine Oberbekleidung ablegt, sich das erste Pils des Tages an die Lippen führt und behauptet: „Entweder du liebst Sylt oder du hasst es."

Hildeborn liebt die Insel. Seit sieben Jahren kommt er jeden Sommer an den Westerländer FKK-Strand. Der Bochumer steht breitbeinig vor seinem Strandkorb, der mit Kühltasche, Dosenhaltern, Beinablegern und ausgebreitetem Ferrari-Handtuch wie ein gigantischer Fernsehsessel anmutet.

Drum herum Hildeborns Reich: ein Rondell aus fein geharktem Sand. Die Südseite begrenzen angeschwemmte Kanister, kleine Muscheln säumen die Westfront, und das Gartentor ist aus zwei mit Badelatschen behängten Besenstielen gefertigt. „Das reinste Paradies hier, oder?" Hildeborn blickt zufrieden auf die Nordsee, ist splitternackt und der lebende Beweis dafür, dass man die bekannten Sylt-Klischees getrost in den Wind schreiben kann.

Insel der Schönen und Reichen? Refugium mondäner Banker und gefeierter Promis? Sylt ist vor allem eins: echt deutsch. Wer Zweifel daran hat, sollte einen Spaziergang machen – einmal über den berühmten Weststrand.

Vom Lister Ellenbogen bis zum einstigen Flakstützpunkt Hörnum im Süden zieht sich der sandige Streifen, dieses eigenartige Zwischenreich, das sich nicht entscheiden kann, ob es zum Land oder zum Meer gehört. Vierzig

906

Profis am Wasser. Ohne das richtige Equipment macht die Nordsee keinen Spass

Kilometer fein gemahlener deutscher Boden, umrahmt von schäumender See und erhabenen Dünen.

Welch eine Arena: Im Sommer verwandelt sich der Deutschen heiligstes Feriengestade zu einem kunterbunten Open-air-Theater, auf dessen Bühne das Sylter Ferienglück seinen Höhepunkt erreicht. Da joggen entblößte Dicke ungeniert durch den Spülsaum des Meeres, spielen Hausfrauen Skat unter Sonnenschirmen und ritzen auf dem Boden krabbelnde Philatelisten virtuos Motive in den Sand: Wer die Briefmarke als erster errät, gewinnt.

Merkwürdige Dinge passieren hier. Vielleicht weil der Strand zur Freiheit einlädt. Weil die See Sehnsüchte weckt nach anarchischem Rausch. Es ist ein Sahnetag. Die Sonne strahlt, der Himmel stahlblau, Möwen kreisen in der Brise. Die berühmte Westerländer Kurpromenade, wo um die vorletzte Jahrhundertwende Adlige und reiche Pfeffersäcke in die Fluten gerollt wurden, wimmelt von Menschen. Erhobenen Hauptes flanieren die Teutonen über ihre Erholungsmeile, vorbei an Eisbuden und bunten Kiosken, die Postkarten mit Luftansichten verkaufen, Tassen mit Friesensprüchen und inselförmige Sticker in Grün, Gelb und Silbermetallic: Sylt als klebendes Kofferraumbekenntnis.

In der Nähe des Syltness-Centers endet die Einkaufsmeile Friedrichstraße am Nordseeufer. Hier bieten Nippes-Läden Haigebisse an, werden Leuchttürme zum Spielen verkauft, Kescher und allerlei maritimer Krimskrams. Neugierige Kinder müssen zur Vernunft gerufen werden, während Papa mit eiserner Miene weiter schreitet, die Hände hinter dem Rücken verschränkt. Ferien und Familie sind unter Kontrolle.

Dann, es ist High Noon, der Paukenschlag. In der Westerländer Musikmuschel stimmt das Kurorchester Edvard Griegs Huldigungsmarsch an, und Hunderte von *Bild*-Zeitungen, Hörgeräten und Sandalen rücken auf den Sitzreihen artig in Position. Klänge von Geigen, Bratschen und kreischenden Möwen vermischen sich zu einer einmaligen Sylter Sinfonie, während 500 Kurgäste andächtig lauschen und sich hier und da eine Sohle mit hochgeklappten Zehen im Takt bewegt.

Eine eigenartige Atmosphäre liegt in der Luft. Wie diese Stimmung beschreiben? Vielleicht mit diesem Wort: Ordnungszufriedenheitsglück.

Das Konzert schließt mit Schuberts Traummelodien. Zwei Damen sitzen noch auf einer Bank an der Promenade und mustern ihren Urlaubsort. Dann schreiten die Gatten der beiden heran und bleiben mit Steingesichtern an der Bank stehen. Einer von ihnen wippt kurz auf den Fußballen:

„So, Friede, wir sollten."

„Ja, Horst, wir gehen."

Dann gehen sie. Ihnen zu Füßen der Strand. Dahinter, silbrig und groß, die Nordsee.

Nur 100 Meter weiter, unter Hip-Hop-Dröhnen, stählt sich die Sylter Avantgarde am Strand. Am Westerländer Fun-Beach spielen in der Sonne glänzende Waschbrettbäuche Volleyball, Kite-Surfer tragen ihre Boards ins Meer, während eine Traube eisigcooler Teens mit dunklen Sonnenbrillen im Sand abhängt. Diesen Abend, so das Gesprächsthema, soll eine fette Party

Fast nackt im Paradies. Wenn der Wind schweigt, wird sogar Hörnums Küste zur Karibik

am Strand steigen. Doch nicht jeder wird dabei sein dürfen – denn auch beim Sylter Nachwuchs gelten bereits strenge Regeln. Nur Auserwählten wird später eine SMS aufs Handy geschickt, mit den Geheimkoordinaten über das Wo und Wann.

Zwei Surfer mit kurzen blonden Haaren wollen ins Meer, die Nachmittagsbrandung reiten. „Na ja", erklären sie betont gelangweilt, „zur Party kommt nur, wer tight ist, sonst flasht das nicht." Zu Deutsch: Nur wer die richtigen Klamotten trägt und die korrekte Musik hört, darf kommen, sonst macht das alles keinen Spaß. Die Youngsters gehören zur New School. New School? Ja, das sei ein besonderer Lebensstil. Krass drauf sein, radikal, sich auf dem Skateboard so viele Knochen wie möglich brechen. Und MTV hören, stimmt's? Quatsch: „MTV sucks!" Die beiden sagen's und tragen ihre schlanken Boards in die Wellen, mit Shorts, die ihnen bis unter die Kniekehlen schlabbern.

Wer jetzt ein wenig Einsamkeit will, sollte nach Norden wandern. Den fast weißen Strand entlang, die warme Nachmittagssonne im Rücken. Barfuß, versteht sich. Durch den schmeichelnden Sand unten am Wasser, wo dunkelgrüne Wellen brechen, das Land ablecken und alle Spuren davonspülen. Hoch oben auf den Dünenrücken biegt sich das Schilfgras im Wind, dahinter, dunkelblau, der Himmel. Viel Raum und Zeit, um den Gedanken freien Lauf zu lassen.

Zum Beispiel diesem: Warum ist eigentlich kein Däne, kein Schwede, kein Franzose, kein Spanier, kein Italiener, kein Engländer am Sylter Strand zu entdecken? Merkwürdig. Es muss an dem Vorurteil liegen, dass Deutschland zu kalt ist – und dass es nicht nur die Temperaturen sind, die unterhalb der Spaßgrenze liegen.

Auf dem Weg nach Norden taucht Buhne 16 aus den Dünen, jener berüchtigte Teil des Kampener Strands, an dem sich vor Jahrzehnten die Schickeria um Gunter Sachs entkleidete und Schampus schlürfend Party machte. Geld, flotte Mädchen und hemmungsloses Treiben: Noch immer klebt der Mythos der freizügigen sechziger Jahre an diesem Strandabschnitt, der nur aus einer Bude und einem kleinen Café besteht.

Doch keine Spur von Stars oder Sternchen. Stattdessen stehen fünf Eisenten mit goldgeränderten Brillen auf der Holzveranda, sehr teure Jeanshemden über den Bäuchen und volle Weingläser in den Händen. „Stößchen!", ruft eine sichtlich angeschickerte, stark gepuderte Dame in die Runde. Und dann prosten sie sich zu, die Arme gen Abendsonne erhoben.

Acht Kilometer nördlich beginnt die große Freiheit. Am Ostindienfahrerhuk steht ein Leuchtturm, der schon die alten Seefahrer begrüßte. Ab hier streckt sich der Ellenbogen in die Meerenge zwischen dem dänischen Rømø und List. Die anarchische Sanddünenlandschaft dieses schmalen Nehrungshakens bildet Deutschlands nördlichen Grenzpunkt: Noch spät abends glüht die rote Sonne am Himmel, fast lilafarben wiegt sich das Gras vor dem leeren Strand, ein einsamer Windsurfer zieht seine Bahn. Am Ende des Sandzipfels drückt die Flut glitzernde Kabbelwellen in die Bucht – ein Meer der Ruhe.

Wellenritt vor Westerland. Im September treffen sich hier die Besten zum Surf World Cup

Nur bei Vollmond hallt großes Tamtam über den Ellenbogen. Dann veranstaltet Bambus-Klaus, der die schlichte Bushaltestelle am Lister Strandparkplatz in eine Art nordfriesische Reggae-Pinte umgebaut hat, seine legendären Full-Moon-Sessions: Hunderte tanzen dann in den Dünen, zu schrillen Klängen und wummernden Bässen. Das Gerücht geht, dass sich zu den ausgelassenen Nächten sogar einige Dänen auf die Insel trauen und bis in die Frühe feiern.

Am nächsten Morgen hängt Seenebel über dem Weststrand. Zwei Frühaufsteher laufen durch den Dunst, ein seichter Ostwind streicht übers Meer. Ansonsten: Stille. Wie leer geputzt liegt der Strand im fahlen Licht. Erst um zehn besetzen die ersten Rettungsschwimmer ihre orange angestrichenen Stelzenhäuschen. Ein junger, sehniger Mann hängt neben seiner Bude an einem alten Windsurfer-Gabelbaum und klimmt sich in Form. Langsam bricht die Sonne durch den diesigen Schleier und wärmt den Sand. Welch friedliches Idyll! Noch. Denn gegen elf Uhr ist Schluss mit der Ruhe. Unterwegs gen Süden kündigen sich die ersten Kolonnen von Strandgängern an. Beladen mit Schwimmringen, Schippen und Tragetaschen kommen sie über die Dünen, fluten die Strandübergänge und nehmen ihre Plätze ein.

Hunderte von Strandkörben stehen in Reih und Glied, mit allen erdenklichen Utensilien behangen. Pinguinbestickte Badematten baumeln als Sonnenschutz, Nivea-Bälle fliegen durch die Luft, und unten am Wasser schmeißen die Nackedeis juchzend mit Matsch. Hurra, es ist Sommer!

Eigentlich beste Voraussetzungen, um sich zurückzulehnen und das Leben zu genießen – aber vorne in der Hundezone gibt's Ärger. Die braun gebrannte Dame aus Nummer 276 hat sich vor dem Strandkorbvermieter aufgebaut. Der Dalmatiner aus der Zwo-Null-Zwo soll nun schon zum zweiten Mal sein Häufchen in den Dünen gemacht haben. „Gibt's doch gar nicht, so was!“ Entrüstet zeigt die Dame auf das Schild: „Hunde an der Leine führen!“ Wenn Blicke töten könnten – Dalmatiners Herrchen würde schon im Sand liegen.

Doch solche Regelwidrigkeiten sind selten. Was erlaubt und verboten ist, gebieten Schilder, im Schnitt alle 400 Meter eines. Der Weststrand ist mit 300 Untersagungen und Anweisungen verbarrikadiert wie der Randstreifen einer Hauptverkehrsstraße. Etwa „Baden verboten!“ überall da, wo scharfkantige Buhnen lauern. Oder das unpopuläre „Burgen bauen untersagt!“ Die territorialen Maulwurfshügel fördern Erosion und somit letztlich das Verschwinden der Insel.

Es ist ja auch eine beängstigende Vorstellung: Es gibt 80 Millionen Deutsche, aber nur einen so imposanten Strand wie auf Sylt, wo Säbelschnäbler fliegen und in den Dünen Glockenheide, Sumpfbärlapp und Kriechweide wachsen. Das will geregelt sein. Und meist herrscht Ordnung am Beach. Regungslos liegen die Sonnenanbeter in ihren Körben und lugen alle paar Minuten über ihre Zeitungen.

Die allerdings klappen gleich reihenweise runter, als südlich von Rantum plötzlich ein Mädchen erscheint. Relana trägt ein leichtes Tuch um die schlanken Hüften, eine gelbe Blume im Haar

und ist der Fleisch gewordene Sonnenschein. Sie kommt von Mauritius, wurde mit ihrer Folklore-Band eigens aus dem Indischen Ozean eingeflogen, um am Abend im „Sansibar" im Sand zu tanzen. Relana spricht nur Französisch. Wie es ihr auf Sylt gefalle? Sie überlegt. „C'est pas mal", sagt sie, höflich. Nur das Wasser sei doch recht frisch. Und wo denn die Palmen seien?

Am späten Nachmittag hat sie ihren ersten Auftritt. Das Lokal brummt. Kein Platz mehr auf der Terrasse, wo die Haute Volée ihren Lieblings-Chablis herbeischnippt und Erstbesuchern angesichts der Menüpreise der Mund offen steht. Mehr als 1000 Weine lagern im Keller. Wer den Nachbartisch toppen will, kann iranischen Kaviar ordern. Kilopreis auf Anfrage.

Spät am Abend sinkt die Sonne, der Himmel beginnt zu bluten. An Tisch acht qualmen die Zigarren und klingen die Cognac-Gläser. Ein Beau in Hellblau doziert über die neuesten Bademoden, während ein schwer beschwipster Endfünfziger mit Begleitung im Arm Relanas Band heranwinkt. Er fragt die Musiker, ob sie ihm nicht einen Walzer spielen könnten. Irgendwas von Richard Strauss oder so ähnlich. „Für Betti", sagt er, eine Zwanzig-Euro-Note zwischen den Fingern.

Relana setzt sich etwas abseits in den Sand, weil ihre Hüften bei deutschen Walzern Pause machen und weil die Sinne eines Inselmädchens jetzt etwas irritiert sind. Geiger Mercier und Bassist Frémont aus Mauritius kommen an den Tisch. Die beiden blicken sich kurz an. Aber dann spielen sie dem Herrn seinen Richard Strauss. Lachend und lupenrein. □

Marc Bielefeld, *Jahrgang 1966, hat die Tage am Weststrand als langen Weg zur Selbsterkenntnis erlebt.*
Samuel Zuder, *Jahrgang 1965, freier Fotograf aus Hamburg, ist Mitglied der Agentur* laif *in Köln.*

MERIAN | TIPP

Maut und Meer

Ans Wasser zu kommen ist gar nicht so einfach

Der Weststrand ist rund 40 Kilometer lang, vom Leuchtturm List-West im Norden bis zur sandigen Hörnum-Odde im Süden. Hinzu kommen rund fünf Kilometer Nordstrand von der Ellenbogenspitze bis zum Ostindienfahrerhuk. Um an den Strand zu gelangen, muss man die Dünen an einem der 84 Strandübergänge überqueren. Meist liegt hier auch ein Parkplatz, oft kostenpflichtig. Mitten durch die Dünen zu marschieren ist verboten, da sie der Wind dann leichter abträgt. Jeder Ort hat mehrere Strandabschnitte: FKK-Zonen, Textilstrände, Hundestrände. In der Saison ist beim Übergang eine Kurkarte vorzuzeigen, die in den Hotels oder von den Kurverwaltungen der einzelnen Gemeinden ausgegeben wird. Tageskarten gibt es auch an den Strandübergängen zum Durchschnittspreis von 3,50 Euro. Wer allein mit sich und der Natur sein will, geht am besten an den Ellenbogen. Der Nordstrand ist rau und wild. Meistens sind nur wenige Menschen unterwegs, da es keine Strandkörbe gibt und wegen gefährlicher Strömungen nicht gebadet werden sollte. Wenig bevölkert ist auch der Strand südlich von Rantum. Hier läuft man kilometerweit durch die Einsamkeit. Wer über normale Kondition verfügt, kann den Weststrand an einem Tag abwandern – für alle Fälle verkehren die Busse auf der Küstenstraße im 20-Minuten-Takt.

>> mehr Tipps ab Seite 108

Acht frische Friesen

Anpackend, charaktervoll, ideenreich und originell bringen sie Sylt voran und bewahren es gleichermaßen. Nicht alle sind mit Nordseewasser getauft, aber mit Geist und Herz Insulaner und somit eben doch Friesen

Text: Nina Freydag, Fotos: Alfred Steffen

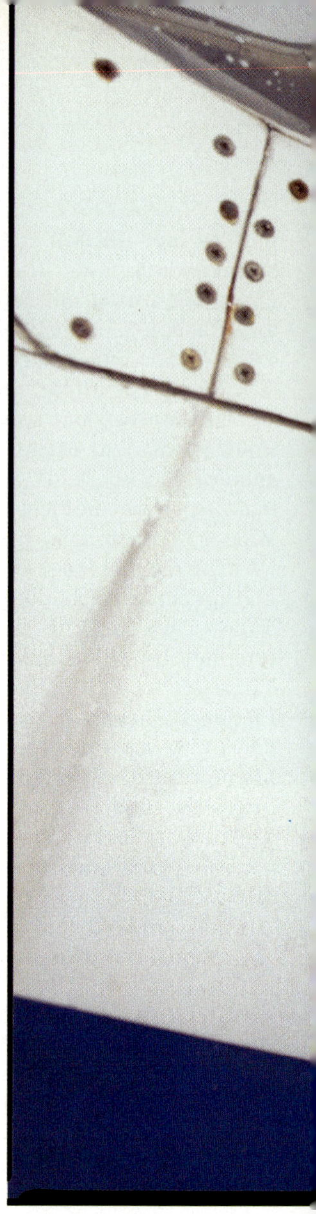

Metropolen-Pilotin

Petra Reiber, Bürgermeisterin von Westerland

Wie sie so dasitzt, die Bürgermeisterin von Westerland. Man könnte glatt denselben Fehler machen wie einst die Stadtvertreter. Könnte denken, dass sie blauäugig ist, weil ihre Augen so blau leuchten. Könnte annehmen, dass sie nachgiebig ist, weil sich ihr Blondhaar so weich lockt. Könnte sie für harmlos halten und glauben, dass man ein leichtes Spiel mit ihr haben wird. „Einige Politiker haben sich damals ein falsches Bild von mir gemacht," sagt Petra Reiber. Sie hätte allen Grund zu sagen: „Die dummen Kerle haben mich verdammt nochmal unterschätzt". Aber das hat Petra Reiber gar nicht nötig. Seit über zwölf Jahren ist sie Bürgermeisterin von Sylts einziger Stadt, die sie „Metropole" nennt, im März 2003 wurde ihr die dritte Amtszeit bestätigt. Gerade 33 war sie, als sie sich erstmals für den wichtigsten Verwaltungsposten der Insel bewarb, hatte zuvor nur fünf Jahre als Anwältin gearbeitet und nicht einmal auf Sylt. Doch die Zugezogene, die Parteilose, die so ganz ohne Hausmacht und Erfahrung war, wollte sich trotzdem nichts vorschreiben lassen. „Bald war ich gar nicht mehr beliebt. Die ersten Jahre waren sehr hart." Noch schwerere Zeiten folgten. Am Ende der ersten Wahlperiode, als sich die junge Bürgermeisterin Respekt erworben hatte, verschwand von einem Tag auf den anderen ihr Mann, der sich zu Hause um ihre Karriere verdient gemacht hatte. „Ein Jahr lang wusste ich nicht einmal sicher, ob er tot ist oder lebt", sagt Petra Reiber. „Das war die schlimmste Zeit meines Lebens. Ich bin in eine tiefe Depression gefallen." Plötzlich ist sie allein mit hohen Schulden, die ihr Mann hinterlässt, allein mit der neugeborenen Tochter und ihren zwei kleinen Söhnen, die den Vater vermissen und ihr die Schuld geben. **Die Medien fallen über sie her, die Wähler zerreißen sich die Mäuler: „Die Sylter Klatschwelle rollte über mich hinweg."** Von Mord war die Rede, von Komplizenschaft und von der knallharten Karrierefrau, die den Mann aus dem Haus treibt. Doch Petra Reiber ging weiter zur Arbeit ins Rathaus. Sie machte Wahlkampf. Und begann zu beten. Dann, sagt sie, sei ein Wunder geschehen. Sie meint es wörtlich, und es klingt gar nicht kitschig. Überraschend erbte sie von entfernten Verwandten exakt die Summe, die sie brauchte, um die Schulden abzubezahlen: „nach Abzug der Erbschaftssteuer". Seither hält sie manch-

mal Predigten in einer Sylter Freikirche und gibt Seminare in „christlicher Leiterschaft" mit Sätzen wie diesem: „Wenn Sie die Menschen, die Sie führen sollen, gern haben, sich um ihr Wohl sorgen und Vertrauen besteht, dann ist ein solides Fundament gelegt." Tatsächlich gilt das Rathaus als ungewöhnlich angenehme Behörde, und die Bürgermeisterin spricht von ihren Amtsgeschäften wie eine Mutter: „Der Flughafen ist mein Sorgenkind". Gerade macht sie selbst den Pilotenschein. So nett Petra Reiber daherkommt, so geschickt kann sie taktieren: Anders als vielen Kommunen geht es Westerland gut. Es wurde privatisiert und fusioniert. Ihr nächster Plan: Zusammenlegung aller Orte zu einer einzigen Inselgemeinde. Es wäre nur natürlich, dass sie dann die Bürgermeisterin von Sylt würde. Immerhin wurde sie sogar damals, in ihrer allerschlimmsten, skandalgeschüttelten Zeit von den Westerländern wiedergewählt. Ein bisschen Mitleid mag die Wähler bewogen haben, vor allem aber viel Respekt. „Es war eine Zitterpartie", sagt Petra Reiber. Den flüchtigen Gatten fand sie schließlich mit Hilfe der Fernsehsendung „Aktenzeichen XY... ungelöst" wieder. Zurückgekehrt ist er nicht.

Liebling der Sommergesellschaft

Traugott Giesen, Pfarrer in Keitum

Sie nennen ihn den „Entertainer des lieben Gottes, den Fliege von Sylt". Fest steht: Traugott Giesen taugt für die Medien. Kein Fernsehteam, dem der Pfarrer von Keitum nicht ein erbauliches Zitat liefern könnte, keine Zeitungskolumne, in der er seinen Glauben nicht knapp auf den Punkt brächte. Während von anderen Kanzeln Wörter wie vertrocknete Tannennadeln rieseln, schlägt er mit voller Wortgewalt zu. Im Sommer sitzen die Zuhörer bis hinaus auf den Rasen des Kirchhofs und lauschen über Lautsprecher, wie er da drinnen Wörter knetet und Sätze biegt, Bögen schlägt und Bedeutungen verschiebt: „Gott sitzt uns im Herzen – besser: wir sind in seinem Herzen, unser Herz, unser Ich ist Teil von ihm, einen jeden ergänzt Gott. Ein jeder hat mit Gott ein Herz – wir sind seine Menschen, darum kennt er uns, dich, mich." Weil sich das alles so schön anhört und so feinsinnig ist, dass selbst Dieter Bohlen sich eine Weile lang einbilden könnte, er sei hammermäßig gläubig, **ist Pfarrer Giesen zum Liebling der Sylter Sommergesellschaft aufgestiegen.** „Promi-Pfarrer" nennt ihn die *Bild*-Zeitung, wenn er mal wieder einen Klatschspaltenhengst oder eine Verlegerenkelin getraut hat. Nur zehn der 70 Brautpaare pro Jahr stammen aus seiner eigenen Gemeinde. Fast 100 Urlaubs-Babys benetzt er sommers die Stirn, unterrichtet aber nur eine Hand voll ansässige Konfirmanden. „Das Dorf blutet aus", sagt er. Besonders gläubig sind die verbliebenen 1000 Einwohner auch nicht: An einem Wintersonntag würden noch eine ganze Menge Promis auf die Kirchenbänke von St. Severin passen. Doch die weilen zu dieser ungemütlichen Jahreszeit wohl eher in Monaco. Traugott Giesen duzt die kleine Gemeinde alter Herrschaften und spricht sein Evangelium: „Gott liebt dich und braucht dich – darum lebst du". Er sagt aber auch, dass sie gemeinsam die Kirche bewahren müssten, gegen das Begrapschen und Vermarkten, gegen die Reisegesellschaften, die sommers vor dem Hause Gottes picknicken wollen. Das alles spricht er so flüssig, setzt darein so effektvoll Pausen, bewegt sich dabei so frei, dass eine ältere Dame entzückt ihre Nachbarin anstößt: „Er kann das wie ein Schauspieler!" Traugott Giesen weiß wohl, dass manche ihm diese Art übel nehmen. Aber der Pfarrerssohn, der selbst Pfarrer wurde, weiß auch: „Ein Gottesdienst darf auf keinen Fall langweilen." Sein ewiger Spagat zwischen Glamourwelt und Friesenland währt schon fast 30 Jahre. Zum Beispiel die Sache mit dem Internet. Was freut es die Bankierswitwe, sich winters aus dem fernen Spanien auf Traugotts Webseite *www.lebensmut.de* zu klicken, um ein bisschen im Archiv seiner Predigten zu schnüffeln. Was aber sagt die Keitumer Kirchgängerin dazu? „Was der da im Internet zu suchen hat, versteh' ich nicht." Ein bisschen ungeduldig wirkt der Pfarrer von Keitum denn auch, als habe er sich schon zu oft verteidigen müssen, als wäre seine theologische Tiefe zu oft übersehen, seine Seriosität ein paar Mal zu viel in Zweifel gezogen worden. „Ich habe Rudolf Augstein begraben, das ist mir wichtig", sagt er dann. Viele seiner Kollegen scholten ihn dafür, dass er den christenkritischen *Spiegel*-Herausgeber auf seinen Friedhof ließ. Doch Traugott Giesen nennt das „die Großzügigkeit der Kirche." Auf seiner Webseite steht folgender Satz: „Es gehört zur Freiheit des Menschen, sich für jemand ausgeben zu können, sich von sich ein Bild zu machen, das anders ist, als anderleuts Wahrnehmung." Er nimmt die Aufforderung ernst, die ihm sein Vater als Vornamen mit ins Leben gegeben hat: Trau Gott – nicht dem Menschenurteil.

Qualitäts-Quelle

Indra Wussow, Kulturmanagerin

Es ist nicht die Regel, dass dort, wo eine Quelle sprudelt, auch die Kunst im Fluss ist. In Rantum schon, und deshalb kennen selbst Künstler und Literaten in Südafrika, Israel und Australien den Namen des Inseldorfes. Aber nicht das Wasser aus fossilen Adern in 650 Metern Tiefe unter dem Dünensand wirkte Wunder, sondern Indra Wussow, 37. Als die Erbin einer westfälischen Mineralwasserfabrik 1998 die Sylt-Quelle übernahm, legte sie gleichzeitig den Grundstein für die Kultur-Quelle. Mäzenin möchte sie dennoch nicht genannt werden. „Ich bin keine stille Geldgeberin im Hintergrund", sagt sie sehr entschieden, „alle Konzepte entwickele ich selbst." Indra Wussows Programm ist anspruchsvoll, ehrgeizig und auf eine kurze Formel zu bringen: **„Ich möchte hier auf Sylt junge internationale Kunst und Literatur fördern und Menschen miteinander in Verbindung bringen."** Die Frage, ob die Kunst reif für die Insel oder eher die Insel reif für die Kunst sei, beantwortet die Managerin diplomatisch. „Kunst ist ja sehr städtisch geprägt und wird hier nicht unbedingt erwartet. Aber genau das kann spannend sein. Im Übrigen gibt es auf der Insel schon seit langem gute Galerien. Gewiss aber ist die Sylt-Quelle eine außergewöhnliche Ergänzung." Eine hervorragende sogar. Im Kunst-Raum des Quellenhauses, eines gläsernen Rundbaus, stellt Indra Wussow nach den weißen Bildern, Objekten und Reliefs der Israelin Zipora Rafaelov die Arbeiten des Malers Eckhard Etzold aus. Gäste kommen mit Künstlern ins Gespräch. Und möglicherweise noch intensiver sind die Begegnungen mit Literaten, auch untereinander. Klaus Schlesinger („Deutsche Befindlichkeiten") sprach von einem „unglaublichen Platz der entspannten Begegnung" mit jenen, die sonst Konkurrenten sind. Feridun Zaimoglu, Moritz Rinke und Terézia Mora, nacheinander „Inselschreiber" der Sylt-Quelle, treffen sich zu einer langen Nacht der Autoren. Rege Kontakte unterhält die studierte Literaturwissenschaftlerin Wussow zu südafrikanischen Autoren. Beeindruckt hat sie Morakabe Seakgwa, der fünf Jahre lang Häftling auf Robben Island war und es nicht glaubte, auf einer Insel ohne Ketten sein zu können. Es freut Indra Wussow, dass am Ende der Begegnungen die Verbindungen fortbestehen. Zaimoglu war von Seakgwa so beeindruckt, dass er nach Robben Island gehen wird. *T. R.*

Kapitän zum Strand

Claus Dethlefs, Seehundjäger

Was krank ist, wird getötet, sonst bleibt der Bestand nicht gesund," sagt Claus Dethlefs. Er ist, wie sein Vater schon, und wie sein Schwiegervater Olaf Winckel, Seehundjäger. Hauptberuflich ist er als Seenotretter auf dem Kreuzer „Minden" stationiert. Die Urlauber haben kaum Verständnis für seine Arbeit: Wie kann er nur Baby-Seehunde erlegen, die so süß mit ihren großen wässrigen Augen aufblicken? Die Umweltministerin von Schleswig-Holstein wollte, dass sich die Seehundjäger in „Seehundsheger" umbenennen, aber sie weigerten sich. „Jäger sind Heger", sagt Claus Dethlefs. Also was soll der Quatsch? In der Ecke der kleinen Stube liegt ein ausgestopfter Heuler. Genau so hat er wohl am Strand gelegen, als ihn seine Mutter dort verließ, um Fische zu jagen. Vielleicht hat ihn morgens dann ein Urlauberhund abgeschleckt. Oder eine Schulklasse bestaunte ihn, als die Mutter zurückkehren wollte. Etwa 30 Heuler verlieren hier pro Sommer auf ähnliche Weise ihre Mutter. **Wenn die Seehundjäger rechtzeitig gerufen werden, können sie gesunde Tiere zur Aufzuchtstation aufs Festland bringen.** Doch manchmal ist es zu spät, das Tier zu krank oder zu geschwächt, um überleben zu können. Und es gibt noch schlimmere Momente. Etwa den Todessommer 2002. Innerhalb kurzer Zeit raste ein Virus durch Nord- und Ostsee, das mehr als 21 000 Seehunden das Leben nahm. Allein die Sylter sammelten 703 angeschwemmte Seuchenopfer vom Strand. Claus Dethlefs sagt kurz und bedrückt: „Das war eine schlimme Zeit."

Peacige Buhnen-Köpfe

Sven und Tim Behrens, Bistroinhaber

An der Buhne 16 schlägt das Meer seinen trancehaften Takt. Ein junger Typ, Fleecemütze tief über den Ohren, bestellt für Tochter Rebecca das erste Eis der Saison. Freundschaftliche Begrüßung durch Tim und Sven Behrens, die die Inhaber der Bretterbude sind: „Na, wie war dein Winter?", fragen sie. Antwort: „Beschissen". Aber das ist jetzt vorbei. Wenn Tim und Sven die Balken vor der Strandbar Buhne 16 wegreißen, öffnet sich der Vorhang zum Sommer. Weiße Nordsonne heizt das Holz hinter der Bohlenterrasse, wo sich die ersten Wanderer mit einem Bier wärmen. **Die Buhne 16 ist einer der Sylter Orte, wo die Elemente den Alltag überschwemmen, bis nichts mehr bleibt als die Gegenwart der ganz großen Dinge.** Aufs Wasser gucken zum Beispiel, sagt Sven, 38, denn „das Meer hat nie die gleiche Optik". Er ist der Ältere der beiden, der nach Maschinenbaustudium mit seinem neun Jahre jüngeren Cousin die Strandkneipe von seinen Eltern übernahm. Die hatten hier in den Siebzigern eine Surfschule gegründet, im Meeresniemandsland zwischen Kampen und List. Aus der Schutzhütte ist inzwischen eine unprätentiöse Bar geworden, ein bisschen alternativ, jung. „Peacig und harmonisch", sagt Tim, 29. Im

Sommer fahren die beiden im Pickup-Landrover fette Boxen über den Strand zu ihrem Laden, und Hunderte wiegen sich im Sand zur sinkenden Sonne (s. auch „Skizzen", S. 12). Im Vorjahr ankerte zur Deko ein Bekannter mit seinem Dreimastschoner im Meer davor. „Bahamas", sagt Sven. Die Gäste bleiben gleich da, nehmen sich einen Sommer Auszeit zum Jobben im Urlaub und schlafen im Zelt hinter der Hütte. Leben ohne Show. Leben als Flow. Das ist es wohl, davon haben die beiden selbst sehr viel, dieses ort- und zeitlose Fließen, weit diesseits von Inselnepp, Dirndlkleidbedienung in der Strandhalle und wichtigem Rumgemache wie in manchen benachbarten Sandlocations. Kaum eine liegt einsamer als die Buhne 16, kaum eine hat mehr Meer, keine mehr Urgewalt.

Andreas Weber

ANLASS GENUG
CUVEE
Riesling Sekt
TROCKEN
Fürst von Metternich
Sektkultur ist unsere Domäne
Fürst von Metternich Riesling Sekt gibt es in den Cuvées „Trocken", „Extra trocken" und als „Brut Jahrgang".
www.fuerst-von-metternich.de

Inselbesitzer

Hans Paulsen, Miterbe des Listlandes

Hans Paulsen hätte allen Grund, sich etwas einzubilden. Sein Clan ist so etwas wie der Adel von Sylt. „Die Familie lebt seit über 550 Jahren hier", sagt er. Zwei dänische Fischer wurden damals von ihrem König in List angesiedelt. Bis heute gehört der riesigen Sippe das gesamte Listland, das an der Vogelkoje hinter Kampen beginnt: Heide, Dünen, Strand, so weit das Auge reicht, 1600 Hektar. Hans Paulsen aber lächelt über seinem karierten Hemd, sehr bescheiden. Denn reich hat das viele Land die Listlandbauern nie gemacht. Früher wurden aus dem Dünenhalm Seile gedreht, das Holz des Heidekrauts wurde verfeuert, es wurden Seemoos und Möweneier gesammelt und aus dem Speck der Seehunde Tran gekocht, der funzeliges Licht gab. Schafbauern sind sie über Jahrhunderte gewesen, und es hat immer nur knapp zum Leben gereicht. „Die Familien waren so groß, alle hatten sechs bis acht Kinder, aber es sind immer nur ein paar geblieben", sagt Paulsen. Er wischt über den Stammbaum: „Es fehlen so viele." **Jeder hier hat Verwandte in Amerika, die vor der Armut flohen. „Wir waren alle mal weg."** Hans Paulsen selbst wanderte 1955 nach New York aus. Und war einer der wenigen, die zurückkamen. Heute verwaltet er die Mautstation, ist im Vorstand der Erbengemeinschaft. Keinem gehört ein bestimmtes Stück Land, nur Anteile an der gesamten Fläche. Bei Verkäufen muss jeder zustimmen. Dadurch ist das Land heute praktisch unverkäuflich. Um 1900 aber, da wollte einer sehr viel Geld geben für den mageren Boden. Da sind die Listlandbauern losgeritten, um den Vertrag zu unterzeichnen. Auf halbem Wege aber, so erzählt Hans Paulsen, da haben sie sich in die Steigbügel gestellt, um ihr Land ein letztes Mal zu überblicken. Und wie es so dalag, wie das Silbergrün des Dünenhalms über die hellen Sandhügel floss und das Rot der Heide dunkel leuchtete, „da sind sie umgekehrt und wieder nach Hause geritten".

Inselgedächtnis

Silke von Bremen, Fremdenführerin

Touristen gibt es auf Sylt ja genug. Aber nur eine, die sie führt. Natürlich weiß Silke von Bremen, wo die Reinhard Mays, Rumenigges und Reemtsmas leben, aber das zeigt sie den Touristen nicht. Sie zeigt lieber, wo die berühmte Tänzerin Gret Palucca Hof hielt oder wo das Grab des Kapitäns der „Wilhelm Gustloff" liegt. Der nämlich war, was kaum einer weiß, Sylter. In keiner Inselchronik jedoch wird er erwähnt. Was insofern kein Wunder ist, als der Kapitän tausende Passagiere ertrinken ließ, während er sich selbst in Sicherheit brachte. **Dass Silke von Bremen so schonungslos mit Sylter Empfindlichkeiten umgeht, ist kein Zufall. Sie ist nicht von hier.** Ihre Familie – uraltes Obstbauerngeschlecht – lebt seit 500 Jahren im Alten Land bei Hamburg. Doch Silke von Bremen ist schon so lange auf Sylt, dass sie es als Heimat empfindet. Die Ur-Sylter aber sehen das anders: „Sie lassen einen spüren, dass man eine Fremde ist." Auf die Insel ist sie einem Mann gefolgt, dem Fotografen Hans Jessel. Kein leichter Übergang: „Mein erstes Vorstellungsgespräch war auf Friesisch. Mein Mann musste übersetzen." Den Job als Leiterin des Heimatmuseums bekam sie trotzdem. Damals lebten sie in einem Teil des Reetdachhauses, das heute nur noch Museum ist. Das Leben dort hatte aber nicht nur schöne Seiten. Da gab es eine Familie, die sich an ihren privaten Gartentisch setzte und sie anfuhr, sie solle sich mit dem Servieren beeilen. Silke von Bremen lacht gern und sammelt solche bizarren Details wie: „Die Messingknaufe am Ofen der Friesenhäuser lassen sich abdrehen – die haben sich die Männer in die Taschen gesteckt, um die edelsten Teile warm zu halten." Oder, dass die schlimmste Beschimpfung der Sylter früher war: „Du bist ja so dumm wie ein Badegast!" ☐

Nina Freydag, *Jahrgang 1970, lebt als freie Autorin in Hamburg. Bei ihrer Recherche erfuhr sie das Geheimnis friesischer Herzlichkeit: erst reserviert, dann richtig nett.*
Alfred Steffen, *Jahrgang 1963, ist Porträt- und Reportagefotograf und lebt in Berlin und Hamburg.*

Sylts Ostküste ist ein ruhiges Idyll. Ihre Sensationen befinden sich unter Wasser: Kein anderes europäisches Meeresgebiet weist eine größere Artenvielfalt auf als das Watt

Das Watt Amphibische Welt voller Wunder

Text: Hans Haltmeier, Fotos: Heiner Müller-Elsner

Wattwanderer ertasten mit den Füßen einen extremen Lebensraum. Wissenschaftler erforschen ihn – einschließlich seiner Wattwürmer – auf den Knien (linke Seite)

Bei Munkmarsch hat das trocken gefallene Watt Boote in den Sand gesetzt. Am Horizont die Sylter Ostspitze mit dem Hindenburgdamm

Fotos: Hans Jessel

Gelbe Haar- und blaue Nesselquallen treiben zu Tausenden an den Strand, wenn bei Ostwind Tiefenwasser emporquillt

Das Reich der Gezeiten und seine verborgene Fülle

Blühende Salzwiesen wie im Sylter Osten sind durch rapiden Deichausbau seit den dreißiger Jahren fast verschwunden

Meerwasser-Betten
für heranwachsende Delikatessen

Zuchtsäcke für Austern in der Blidselbucht zwischen Kampen und List. Die Europäische Auster, früher die Haupteinnahmequelle der Sylter, ist längst nicht mehr im Watt zu finden. Jetzt wachsen Setzlinge aus dem Pazifik heran

Ganz Sylt ist eine vorübergehende Erscheinung

Die mit den Delfinen verwandten Schweinswale schwimmen oft dicht an den Weststrand

Nichts. Nicht mal ein Horizont. Endlose Weite, wohin man blickt. Ein fernes Flirren bestenfalls, das sich im Dunst verliert. „Rüm Haart, klaar Kimming", sagen die Friesen – weites Herz, klarer Blick.

Gerade noch schwappte das Wasser verspielt um die Knöchel. Es ist geflohen aus diesem Niemandsland zwischen Meer und Düne, und die Zeit stahl sich mit ihm davon. Zurück blieb, nackt und triefend, ein fremder Kosmos. Darin, wie Außerirdische, 17 Menschen.

„Abenteuer Nationalpark Wattenmeer" stand klein gedruckt im Veranstaltungskalender. „Treffpunkt: Bushaltestelle Hörnum-Nord". Pünktlich um 14 Uhr blähten sich die Windjacken der Abenteurer vor dem Restaurant Theeknob im Wind. Ihre Wanderstiefel pflügten den sandigen Weg durch die Dünen. „Ziehen Sie die Schuhe aus und gehen Sie barfuß," hatte der Nationalpark-Betreuer Filip Rajsic geraten und seine Jeans bis zu den Knien hochgekrempelt, „nehmen Sie die Natur intensiv wahr."

Jetzt staksen sie mit weißen Waden durchs Watt. Patschende Kinderfüße jagen hinter Krabbenpanzern her, die wie rosa Schiffchen in den Lachen treiben. Rotlackierte Zehennägel schlagen Wunden in den mokkabraunen Boden, aus denen schwarzer Sand blutet. Vornübergebeugt, die Augen auf den Grund gerichtet, mäandern die Eindringlinge durch die Ödnis, noch blind für den platten Dschungel unter ihren klammen Füßen.

„Das Watt ist ein Lebensraum," sagt Rajsic, „den man erklären muss." Er nennt Zahlen: 2500 Tier- und Pflanzenarten leben hier, ein Gutteil davon im Eulitoral, jener Zone, die zweimal täglich von der Nordsee überflutet wird. Auf einem Quadratmeter bis zu 100 000 Individuen: Millimeter kleine Wattschnecken zumeist oder Schlickkrebse, deren zigtausendfachem Schmatzen Theodor Storm in seinem Gedicht „Meeresstrand" zwei Zeilen gewidmet hat: „Ich höre des gärenden Schlammes / Geheimnisvollen Ton".

Eine vielgliedrige Nahrungskette verbindet Myriaden von Algen, Bakterien und winzige Würmer, die in den Lücken zwischen Sandkörnchen siedeln, mit den „Endverbrauchern": Kegelrobben, Seehunde, Schweinswale und bis zu drei Millionen Vögel. 1985 wurde das Wattenmeer Nationalpark und wegen der intensiven Nutzung der Nordsee im Jahr 2002 von der Internationalen Seeschifffahrtsorganisation (IMO) zum „Besonders empfindlichen Meeresgebiet" erklärt. Weltweit tragen erst fünf Regionen, darunter das Barrier Reef vor Australien und die Florida Keys in den USA, dieses Prädikat.

In List, am anderen Ende der Insel, erforscht der Meeresbiologe Karsten Reise den spröden Charme der Wattbewohner seit bald 30 Jahren. „Es sind Lebenskünstler," erklärt der Leiter der Wattenmeerstation in List, einer Dependance des Alfred-Wegener-Instituts für Polar- und Meeresforschung, „die vor allem eines gelernt haben: dass nichts bleibt, wie es ist." Weißes Haar umtost das bärtige Haupt des 56-jährigen Professors, als herrsche in seinem Büro ständig Windstärke acht. 1924 als Austernlabor gegründet, ist das Institut weltweit eine der ältesten Forschungsstätten für Küstenökologie. Reise ist Spezialist für Zwischenräume. „Die Menschen wollen alles eindeutig zuordnen. Hier ist das Meer, dort das Land. Dabei ist der Grenzbereich viel bedeutender. Watt und Salzwiesen, die gelegentlich überflutet werden, gehören zu den reichsten und flexibelsten Biotopen überhaupt."

Ganz Sylt ist – aus geologischer Perspektive – eine vorübergehende Erscheinung. In den letzten 8000 Jahren hob sich der Meeresspiegel um 35 Meter, rückte immer näher an den Inselkern heran, den Flüsse und Gletscherströme zurechtgeschliffen hatten. Durch eine Laune der Natur war Sylt, verglichen mit den übrigen Nordfriesischen Inseln, ein wenig zu weit im Westen entstanden. Nun versucht „die böse Nordsee", wie Reise das gespannte Verhältnis der Sylter zum Blanken Hans bespöttelt, das Eiland auf Linie zu bringen.

Seit 5000 Jahren schwappen die Fluten auch über das einstige Marschland zwischen Sylt und der nordfriesischen Küste. Die Gezeiten, vor allem aber brachiale Sturmfluten trugen über die Jahrtausende Sedimente in das Tidebecken ein, lagerten sie um, wuschen sie wieder aus. Tiere spielen bei der Umgestaltung eine zentrale Rolle: Miesmuscheln filtrieren in wenigen Sommertagen das gesamte Wasservolumen des Wattenmeers durch ihre Kiemen. Einmal im Monat wandert der oberste Zentimeter des Bodens durch die Därme der Wattwürmer.

Die Wesen des Watts sind den Naturgewalten ausgeliefert – und entwickel-

Spielend zum Umweltbewusstsein: Kinder sind in der Hörnumer Schutzstation willkommen

ten Strategien, sie für ihre Zwecke zu nutzen. „Jedes Jahr werden die Karten wieder neu gemischt", sagt Reise und erzählt von räuberischen Jungkrebsen und ihrer Beute, den Herz- und Plattmuscheln.

Nach milden Wintern fressen die Krebse fast alle jungen Muscheln auf. Einen harten Winter stecken die Opfer jedoch besser weg als die Räuber: Sie beginnen zwei Wochen früher zu wachsen und sind dann immer wenige Millimeter zu groß für die Scheren der Krebse.

Die Poster, die den Flur des Forschungsinstituts tapezieren, erzählen Dutzende solcher Fabeln. Der Stoff dafür lagert in den Kühlschränken des Hafenlabors: Seewasser, Filtrate, Bodenproben. Garnelen glotzen aus Becken, die ständig mit Nordseewasser beschickt werden. Auf Computerschirmen flimmern Diagramme. Studenten starren in Mikroskope.

Wenn die 28-jährige Wattforscherin Susanne Diederich zur Arbeit geht, bedeutet das eine Stunde Rodeo im bockenden Schlauchboot. Das Satelliten-Navigationsgerät zwischen die Knie geklemmt, prescht sie vom Lister Hafen aus die Ostküste entlang nach Süden, der ablaufenden Tide entgegen. Ist das Dorf Munkmarsch in Sicht, drosselt sie den betagten Yamaha-Außenborder und wartet. Wie aus dem Nichts tauchen ringsum plötzlich

Zählen und messen: Der Biologe Nils Volkenborn untersucht den Seegrasbewuchs auf einem Versuchsfeld im Lister Königshafen

Wandel ist das Gesetz.

Fremde Arten verdrängen heimische

Mini-Biotop in der Muschelbank: eine Strandkrabbe, bewachsen mit Seepocken

Muschelbänke aus den Fluten wie Buckel einer Walherde: schwarz und schaumumkränzt.

Schalen knirschen unter ihren Stiefeln, als die Forscherin das Boot auf ein trocken gefallenes Stück zieht. Der federnde Boden ist ein einziges Schmatzen und Gurgeln, in dem rotweiße Wimpel Versuchsareale markieren. „Hier leben mittlerweile bis zu 80 große Austern auf einem Quadratmeter," konstatiert Susanne Diederich, „und sie nehmen weiter drastisch zu." Susanne Diederichs Forschungprojekt dokumentiert den Feldzug von *Crassostrea gigas*, der Pazifischen Auster, gegen die einheimische Miesmuschel *Mytilus edulis*. Sie gräbt ein faustgroßes Exemplar aus dem Sand. Die Schale, brüchig wie Plundergebäck, ist von schwarzen Höckern übersät. „Die Larven benötigen festen Untergrund, um sich festzusetzen", erklärt die Forscherin. Im Wattenmeer, wo Sand oder Schlick vorherrschen, zementieren sich die Austernlarven zunächst auf den daumenlangen Miesmuscheln fest, die hier von jeher ausgedehnte Kolonien bilden. Nach einigen Jahren dann dienen die herangewachsenen Austern als bevorzugter Landeplatz für weitere Larven. „Die Phase des starken Wachstums hat hier längst begonnen," schließt Diederich und hebt einen scharfkantigen Brocken auf : „Das ist der Anfang eines Austernriffs."

Zahlenkolonnen, mit denen die Wissenschaftlerin ihr Versuchsprotokoll füllt, erzählen noch eine andere Geschichte – die vom Ende der Wattkönigin. Jahrhundertelang hatten die Bewohner der Nordfriesischen Inseln von der Europäischen Auster *Ostrea edulis* gelebt. Sie gedieh prächtig, war perfekt in die Lebensgemeinschaft des Wattenmeers eingepasst, und ein Exportschlager dazu. Sogar in St. Petersburg soll Zarin Katharina II. „Schleswigsche Österlinge" geschlürft haben.

Die Austernfischer hatten immer wieder mit Rückschlägen zu kämpfen. Extreme Frostperioden dezimierten die Kulturen von Zeit zu Zeit, doch der Profit lockte pausenlos. So erhielt die Auster keine Erholungsphasen mehr, und nach außergewöhnlich harten Wintern brach der Bestand Mitte der zwanziger Jahre endgültig zusammen. Die Wattkönigin hatte ihr Reich für immer verlassen.

Alle Versuche, die Austernfischerei vor Sylt mit Amerikanischen oder Portugiesischen Austern wieder zu beleben, scheiterten. Erst 1985 gelang der Durchbruch. Die Pazifische Auster gedieh prächtig im rauen Nordseeklima. Seither ragen in der Blidselbucht die Zuchtgestelle von „Dittmeyers Austern-Compagnie" auf, bestückt mit 2,5 Millionen Tieren. Drei Jahre im Watt, versichern die Betreiber, veredeln die dicht in Drahtsäcke gepackten Import-Auster zur „Sylter Royal".

Sechs Jahre nach der Ansiedlung wurden erste Ausreißer huckepack auf Miesmuscheln entdeckt. Die stille Invasion der Pazifischen Auster hatte begonnen – und es war beileibe nicht die einzige. Im Schlepptau gelangten fremde Algenarten ins Sylter Watt.

Korallenriff im Kleinen

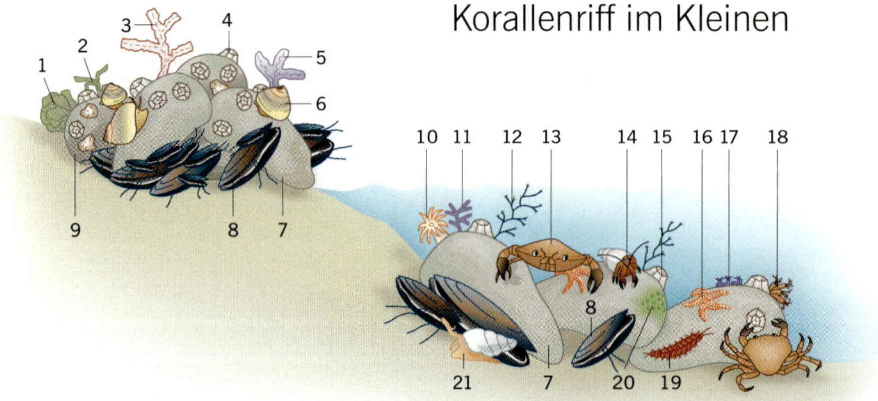

Auf dem sandigen Wattboden bilden Muschelbänke Inseln der Vielfalt. Ihre Besiedlung variiert nach Tiefe: in der Gezeitenzone (Eulitoral) müssen Tiere Hitze und Trockenheit ebenso aushalten wie einen Regenschauer oder knackigen Frost. Die Artenfülle ist darum geringer als an ständig überfluteten Standorten (Sublitoral). Neben den Miesmuscheln (7, 8) leben hier Algen (1, 2, 3, 5, 9, 11), festsitzende Hohltiere (10, 12, 17), Schnecken (6, 21), Polychaeten (19), Seepocken (4, 15), Strandkrabben (13), Einsiedlerkrebse (14), Moostierchen (18, 20) und Seesterne (16). *(siehe auch ab S. 67)*

Schutz für das Watt – ein dauernder Abwehrkampf

Blind auf dem Meeresboden. Die Übung soll die Gefahren bei Seenebel im Watt verdeutlichen

Amerikanische Bohrmuscheln und Pantoffelschnecken setzten sich fest. Mehr als 30 Exoten haben mittlerweile das Watt erobert und seine Lebensgemeinschaften grundlegend verändert. Zur Invasion kam der Exodus. Das einheimische Seemoos wurde von Kuttern aus dem Wattboden gerissen, um – getrocknet und gefärbt – Blumengestecke zu garnieren. Von 17 Sandkorallenriffen des Borstenwurms *Sabellaria spinulosa* ist nur eines im Schleswig-Holsteinischen Wattenmeer erhalten. Wogende Seegraswiesen, die Kinderstube von Hornhecht und Hering, sind heute Raritäten.

Dass einem wie Lothar Koch die wissenschaftliche Dokumentation des Wandels nicht genügt, ist ihm ins Gesicht geschrieben: ein Hauch Melancholie, ein kräftiger Schuss Widerstandsgeist, in 15 Jahren Naturschutzarbeit gereifte Hartnäckigkeit. Einer wie Koch kämpft: für Besucherlenkung und Ruhezonen, gegen industriell bewirtschaftete Miesmuscheläcker, gegen Deiche im Vogelschutzgebiet. Seine Argumente hat der Sprecher der Naturschutzgesellschaft Schutzstation Wattenmeer e.V. gut sortiert, Faltblätter und Broschüren stets griffbereit. „Das Wattenmeer ist ein einmaliger Lebensraum", heißt seine Botschaft. „Jeder Quadratmeter, der verloren geht, ist unwiederbringlich." Sicher, er hat Siege errungen. Die Morsumer Odde, einer der wichtigsten Brut- und Rastplätze entlang der nordfriesischen Küste, wurde zur „Null-Nutzungs-Zone" des Nationalparks erklärt. Vor der Westküste entstand 1999 das erste deutsche Schutzgebiet für Schweinswale, die zu Tausenden in den Stellnetzen ausländischer Fischer verenden.

„Aber", wirft Koch ein, „wir müssen aufpassen." Zwischen August und November 2002 warf das Meer 703 tote Seehunde an Sylts Strände, Opfer einer Staupe-Epidemie. In Nord- und Ostsee erlagen der Seuche insgesamt mehr als 21 000 Tiere. „Weshalb brach sie schon zum zweiten Mal aus?", fragt Koch. „Sprang das Virus aus Nerzzuchten über? Ist die Population groß genug, um weitere Epidemien zu überstehen?" Bald werden wieder Heuler auf den Sänden vor Sylt liegen – bereit für die Fotoapparate der Touristen, die gegen den schmalen Streifen Land anbranden werden. Gegen jenen exponierten Flecken, auf dem nichts bleibt, wie es ist. Wo die Fähigkeit zum ständigen Wandel Lebenskunst heißt.

Es ist diese Erkenntnis, die Filip Rajsic dem zweistündigen Wattlauf entlockt. Wie ein Schamane tanzt er auf dem Sand, bis es die darin verborgenen Muscheln an die Oberfläche treibt. Beherzt greift er sich Strandkrabben und erklärt, mit welchen Tricks sie den Schnäbeln gefräßiger Vögel entkommen. Den Kindern legt er Würmer in die Hände und redet, bis Ekel in Faszination umschlägt. Sie lauschen seinen Erzählungen von Alpenstrandläufern, die sich auf ihrer Route zwischen Arktis und Afrika zu Hunderttausenden im Watt stärken. Lauschen, bis sie die Vogelwolken selbst zu hören glauben. Spüren, wie das Meer langsam an ihren weißen Waden emporkriecht. Wie es das Nichts vor ihren Augen wieder verschlingt. □

Hans Haltmeier, *Jahrgang 1959, lebt als freier Autor bei München. Bei seinen Recherchen machte er die erste Naherfahrung mit dem Wattenmeer.*
Heiner Müller-Elsner, *Jahrgang 1958, lebt in Hamburg. Seine Vorliebe gilt Wissenschaftsthemen.*

MERIAN | TIPP Wattwanderungen

Schutzstation Wattenmeer
Rantumer Straße 27
Hörnum, Tel. 88 10 93
www.schutzstation-wattenmeer.de
Besucherzentrum: Apr.-Okt. 10-12 und 15-18 Uhr
Geführte Ausflüge zu Seehundsbänken, Seetierfahrten, Wattwanderungen und pflanzen- und vogelkundliche Wanderungen. Auf den Exkursionen lassen sich Kegelrobben, Schweinswale und seltene Seevögel beobachten.

Manfred Sturm
über die Kurverwaltung Wenningstedt
Strandstraße 25
Tel. 44 70, Fax 447 40
und Kurverwaltung List
Am Brünk 1
Tel. 952 00, Fax 87 13 98
Anmeldung nur persönlich, dann Bekanntgabe des Treffpunktes. Keine telefonische Auskunft. Auf 30 Teilnehmer begrenzt. Außer im Hochsommer Gummistiefel und warme Kleidung mitbringen.

Seesterne schweben als Larvenform frei durchs Meer (obere Reihe). Spätere Jugendstadien (Mitte) kriechen am Boden mit Hilfe ihrer Tentakel, den Ambulacralfüßchen

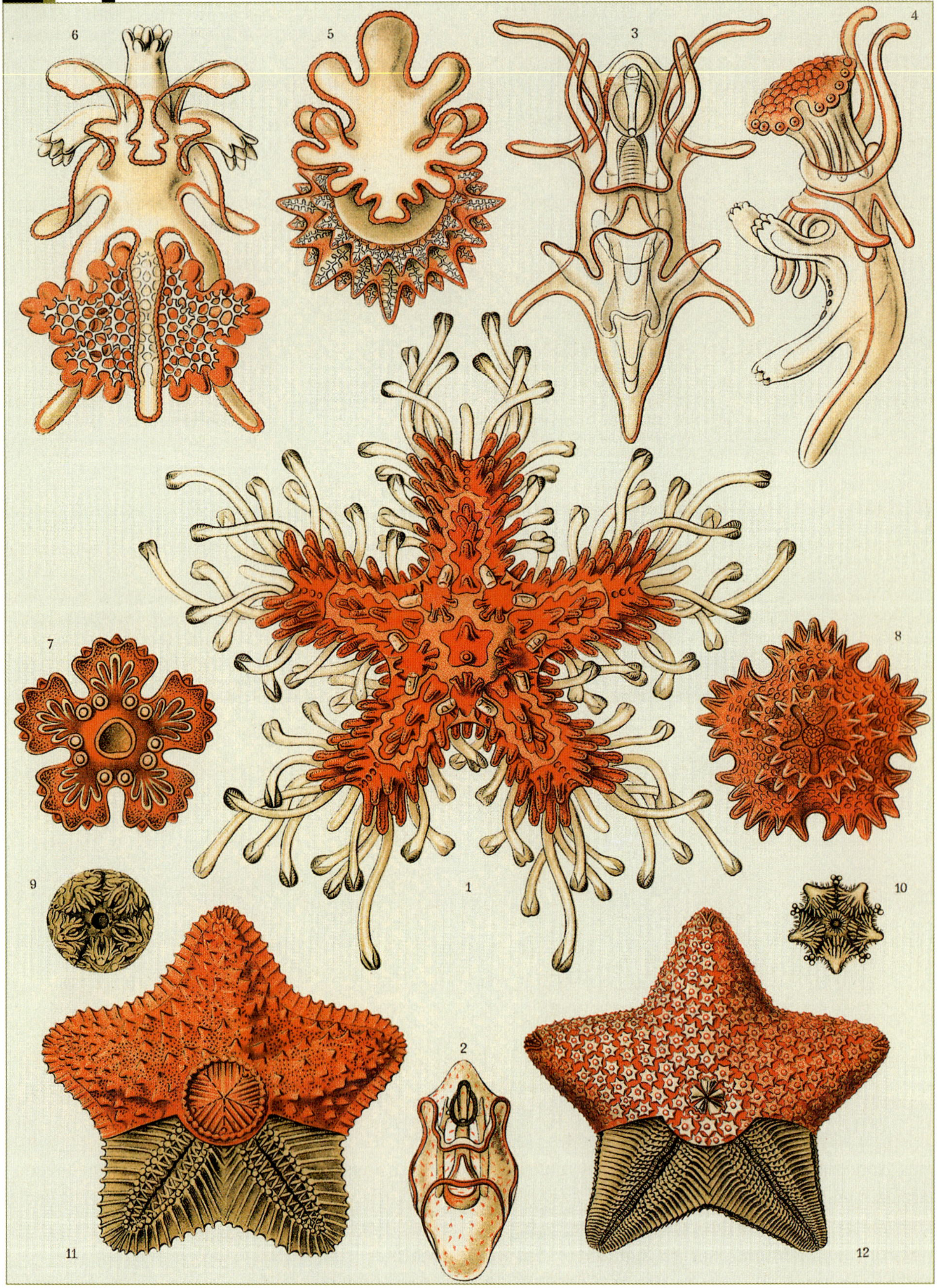

Text: Andreas Weber, Zeichnungen: Ernst Haeckel

Wenn das Meer bei Ebbe zurückweicht, enthüllt sich ein Wunderreich der Meereswesen. Ihre Fülle weckt Zweifel daran, dass alle organischen Formen als Resultat nützlicher Anpassung zu erklären sind. Als „Kunstformen der Natur" malte der Biologe Ernst Haeckel die Organismen der Ozeane schon vor hundert Jahren

Des Lebens sagenhafte Freiheit

Im Anrollen und Verebben der Wellen liegen Anfang und Ende unserer Begegnung mit dem Meer. Der Saum der Brandung ist die Grenze des Ersehnten. Seine flüchtige Linie übersetzt die Botschaft ins Erträgliche, die von dort draußen kommt: vom unbegehbaren, vom unergründlichen Körper der See.

Lange hat es gedauert, bis wir endlich angekommen sind, hier, wo unsere Fußspuren zwischen den rosafarbigen Kalkschalen verrinnen, den violetten und blauen Splittern und dem verwischten Rand, den der Tang bildet. Und da sind die Wellen, freundlich verbeugen sie sich zum Willkommen und glätten dabei den Sand, unablässig polieren sie ihn mit dem verhallenden Schwung silberner und grüner Rücken, die hintereinander emportauchen, zügellos, fügsam, das schräge weiße Tageslicht leichthändig in tausend blaue und grüne Kristalle zerteilend. Und draußen, mit allen Facetten, die See.

Das Meer verstehen hieße, die Welt verstehen. Doch seine Bewegungen sind allgegenwärtig. Lebt man eine Weile am Meer, so lernt man es kennen, ohne ihm näher bekannt zu sein. Aus weiter Ferne übt es seine lebenserhaltende Kraft aus. An der Nordseeküste legt das Wasser bei Ebbe und Flut kilometerlange Strecken zurück. Der Gezeitenunterschied ist so groß, dass Sandbänke unter dem zurückrollenden Meer auftauchen, mit krausen Algen und blauschwarzen Muscheln bewachsene Hügel, die vorher unter seiner Oberfläche verborgen lagen. Fremde Landschaften steigen aus dem Wasser empor. Mit der Ruhe einer vergangenen Welt liegen diese Formationen bei Ebbe vor den Augen des Betrachters. Staunend schreitet er durch sie hindurch, ohne das Geschehen wirklich zu begreifen, ein Gast auf Zeit. Das Wattenmeer ist eine Mischungszone, die von beiden, Land und Meer, etwas enthält. Sie erscheint als Fenster in jene andere Welt, aus der das Leben kam und seine Gesetze.

Zweimal an jedem Tag gibt das Meer sein Inneres preis: Das Watt ist ein Garten des Werdens

Sylt ist zusammengesetzt aus solchen hybriden Räumen. Seine Wattküste offenbart ein Mosaik der Übergänge, der Einblicke, der still knisternden, plätschernden Transfigurationen. Im Lister Königshafen tritt bei Ebbe ein zerklüftetes Hügelland aus dem Meer hervor, umgeben von den seltsamen Röhren mariner Würmer, die wie wunderbare Baumstämme die Wälder unbekannter Breitengrade bevölkern. In den flachen Watthäfen haben sich die Boote auf eine Seite geneigt, bis der auflaufende Meeresspiegel sie wieder emporhebt und sich die Wirklichkeit als ölblauer kabbeliger Vorhang über einer nebelhaften Offenbarung verschließt. Mit unmerklicher Bewegung umspielt das Wasser die Gegenstände, die in seiner Bahn liegen, streicht an ihnen entlang und überzieht sie mit dem feinen Film seiner Anwesenheit, überspült sie und gibt sie dann wieder frei, dass Algenmatten und Wellenrippel wie Erinnerungen des Ozeans am Strande bloß liegen, bereit, aufs Neue vergessen zu werden, wenn die Flut wieder steigt.

Das Leben entstand im Ozean. Das salzige Plasma der Körperzellen ist unser inneres Meer

Zunächst erscheint freilich die Nordseeküste als perfekte Fortsetzung der eindimensionalen nordfriesischen Landschaft. Eine sehr dünne Schicht gelbes Land wird vom bodenlosen Himmel überspannt wie von einem wässrigen Abgrund. Doch die fehlende Tiefe der Landschaft macht hier das Meer wieder wett. Manche Abschnitte des Sylter Weststrandes empfangen die Wellen mit der Jungfräulichkeit der frisch geborenen Erde, als noch keine Pflanze, kein Tier geschaffen war. In weitem Schwung lassen sie Ankunft und Abschied des Wassers mit sich geschehen, als wüssten sie, dass aus dieser Bewegung das Leben folgte. Die Ozeanwogen erscheinen als der Atem des Organismus Erde. Den Spielereien des Zufalls unterlief hier, in einer bestimmten Salzkonzentration, eine Ungewöhnlichkeit, etwas Außerplanmäßiges, das sich seitdem mit außerordentlichem allgemeinen und wechselndem individuellen Erfolg behauptet: Leben. Auch wir tragen immer noch im salzigen Zellplasma unseren Herkunftsort. Das Milieu der Körperflüssigkeiten ist unser „inneres Meer".

Bei Niedrigwasser liegt im Lister Königshafen der Inhalt der See dem Land zu Füßen. Das Wasser hat sich aus der kilometerlangen Bucht zurückgezogen, geblieben ist nur der feste, von glatter Nässe gesättigte Sandboden, den Millionen kleiner Muschelschalen bedecken. Zwischen den Wellenrippeln haben sie sich konzentriert, pastellfarbene Überreste unzähliger Individuen, einer Unendlichkeit von Existenzen. Die mit Seepocken besetzten Buhnen ragen so lautlos in die Luft, als wären sie gar nicht wirklich vorhanden, eine Fata Morgana auf dem Sand des Ozeanbodens, eine Halluzination abwesender Fülle. Auf dem vom Wasser verlassenen Land herrscht Stille. Gesteigert wird sie nur vom unablässigen Prickeln der Schlickkrebse, hunderte pro Quadratmeter, die von ihren winzigen Wohnröhren aus die umliegenden Sandkörner nach essbaren Algen absuchen.

Das Schweigen wird nicht gebrochen, ist aber dennoch beredt, sichtbar als geheimnisvolle Spur auf dem vorübergehend freigegebenen Untergrund. Wenn man genauer hinblickt, hat alles eine eigene Form: die unzähligen Schnecken auf dem Wasser spiegelnden Sand, die langsam pulsierenden Anemonen und die gemächlichen Strandschnecken in den kleinen Pfützen, die sich in ihr Versteck duckende Krabbe unter dem glänzend ausgebreiteten Tang, der Seeringelwurm, der mit seinen Tentakeln und kieferbewehrten Palpen den Schlick vor seinem Loch betastet. Überall plätschert das verborgene Sein. Der Salzgeruch des Meeresgrundes ist sein Bürge, auch wenn der Augenschein des Wattwanderers nichts entdecken kann. Jeder Quadratmeter Sand ist hier ein Reaktor des Lebens, durchsetzt mit pulsierendem Fleisch. Die Forschung klassifiziert das Wattenmeer als einen der produktivsten Lebensräume der Erde. Dieses existenzielle Strotzen lässt sich mit allen Sinnen wahrnehmen.

Actinaria

Seeanemonen schlug man als „Blumentiere" lange den Pflanzen zu. Im Sylter Watt leben mehrere ähnliche Arten

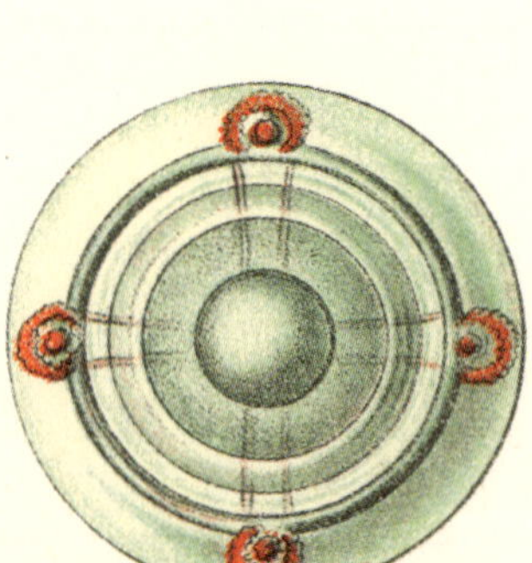

Siphonophora

Staatsquallen der Hochsee bilden Kolonien: Einzelne Tiere verhalten sich dabei wie Organe eines größeren (oben eine Meduse mit Ei)

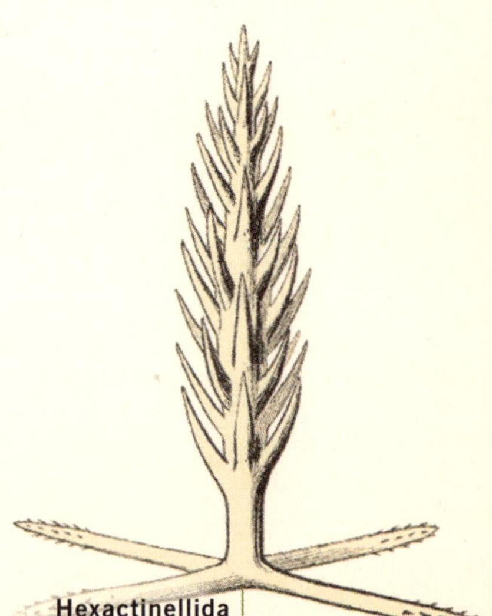

Hexactinellida

Glasschwämme mit ihrem filigranen Skelett aus Kieselnadeln leben bis in 5000 Meter Tiefe am Meeresboden

Scyphozoa

Schirmquallen sind große Medusen der Weltmeere, die wie die Gattung *Chrysaoara* (Mitte rechts) auch in der Nordsee massenhaft auftreten

Vielborster Diese Meereswürmer haben oft lange Kiemenfortsätze, mit denen sie nach Schwebstoffen angeln. Andere, wie die Gattung **Aphrodite**, tragen schillernde Rückenschuppen

Hydroidpolypen aus dieser Gattung bilden pflanzenartige Stöcke. Spezielle Geschlechtskapseln tragen Sperma oder Eier (unten)

Sertularia

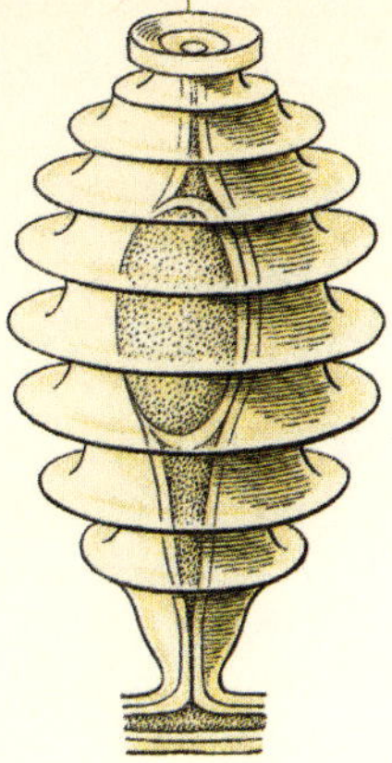

Schirmalgen treiben komplexe Fruchtkörper aus: Jeder Schlauch mit darauf sitzendem Hut besteht aus einer einzigen Riesenzelle (in warmen Meeren)

Acetabularia

Im süßen Joddunst des Schlicks mischen sich die Aromen von Schöpfung und Verfall. Hier ist der Kreis des Werdens kurzgeschlossen. Doch nicht nur für das produzierte Volumen gilt dieses Gesetz: ebenso für die Typik lebender Formen, die der Lebensraum bereithält. Das Meer ist in jeder Hinsicht ein Labor der Fülle. Nicht einmal die tödliche Verschwendung scheint ihr etwas anhaben zu können. Oft besteht der Boden, auf dem neues Leben wächst, aus den Überresten des alten. Viele Strände sind nicht aus Sand, sondern aus Schill, aus den winzigen Splittern von Muscheln. Deren unscheinbare Bewohner werden *tatsächlich* wiedergeboren: in andere lebende Formen, in die von Leben überbordende Welt, die sie ständig umgibt.

Gräbt man mit der Hand auf dem Sandboden oder schöpft einen Eimer des flachen Wassers, so zeigen sich seltsam gestaltete Wesen von nie gesehenem Körperbau: Durchscheinend grüne oder rötliche Gliedertiere mit Dutzenden von Beinen und leuchtenden Schuppen, glasartig transparente und im Dunkeln fluoreszierende Garnelen, die durch Gezeitentümpel schnellen, leuchtende Fächer von kreiselnden Federn, Muscheln mit einem Perlrand aus Augen an ihrem ausgestreckten Rüssel. Schon der zugleich träge und hastige Griff, mit dem eine Seepocke aus ihrem geöffneten Krebspanzer immer wieder ins Leere greift und für uns unsichtbar doch Nahrung aus der gallertigen Fülle der See erfasst, zeigt die maßlosen Ressourcen in einem einzigen Wassertropfen. Dieser könne, so der französische Denker Jules Michelet vor 150 Jahren, „in seinen Transformationen das Weltall erklären". Hier blitzt dessen Sternenstruktur sekundenhell auf: Die Ausbrüche lebender Gestalt aus dem bloßen Funktionieren vermitteln sich selbst. In ihrer Eigenart liegt eine Größe, der man das Lebendigsein sofort glaubt. Diese Formen haben keine Zweckmäßigkeit nötig, um ihre Existenz zu erklären. Unter dem Eindruck ihres sagenhaften Eigensinns erkennt man die Freiheit.

Die Schulbiologie sieht die Welt nicht mehr als Liebhaber, sondern auf dem Seziertisch

Die gängige Biologie weiß davon nichts. Für sie erklärt sich jede Variation durch Effizienz. Die Erscheinung, also das, was ein Lebewesen zuallererst auszeichnet, ist für den Biologen ein Abfallprodukt des Nutzens. Das, was dem Beobachter sofort ins Auge fällt, ist somit für die Erkenntnis des Lebendigen wertlos. Wer der Natur so begegnet, wechselt von der Rolle des Liebhabers, in dessen Augen das geliebte Objekt vor allem in Schönheit seinen Sinn verrät, in die Rolle des Pathologen. Er glaubt seinen Augen und seinen anderen Sinnen nicht, denn ihm geht es um die Mechanik hinter der Erscheinung. Er zerlegt auf der Suche nach dem, was die Dinge zusammenhält, genau diese Dinge – um festzustellen, dass die Überreste nicht mehr verraten als das Prinzip, nach dem sie zerteilt wurden: eine Mechanik. Eine raffinierte freilich: Für den Erscheinungswert der Lebewesen, weiß die Schulbiologie, sei exklusiv das digitale Programm der Erbsubstanz verantwortlich. Diese manipuliere das Äußere eines Organismus mit einfallsreichen Tricks, um ihre eigene Weitergabe und Verbreitung zu steuern.

Der Schillerglanz im Außenskelett wirbelloser Tiere, heißt es etwa, sei ein Nebenprodukt des Umstandes, dass sie hier Abfälle des Stoffwechsels sicher ablagern könnten. Die in Braun und Gelb leuchtende Feuerpracht der Tentakelschleppe einer Qualle ließe sich in dieser Logik als Warnsignal interpretieren, damit niemand das Tier irrtümlich verspeise. Aber ein Warnsignal im Wasserdunkel? Gerade die ungesehensten Lebewesen sind ja oft die schönsten. Vor allen anderen erscheinen die Bewohner finsterster Räume häufig als schlagendste Belege für eine expressive Kraft der organischen Form. Die Perlmuttschicht liegt im *Inneren* der Muschel. Der Biologe Adolf Portmann hat davon abgeleitet, dass Leben nicht darum sei, damit es sich, siegend, optimiere, sondern vielmehr, um, sichtbar, als solches zu erscheinen. Um Expression zu sein, purer Ausdruck seiner selbst.

Die leuchtende Pracht der Medusen: Reine Erscheinung außerhalb jedes Zweckes

Dass nicht jedes Merkmal seine Erklärung in einem Überlebenszweck finden muss, verdeutlichte der 2002 verstorbene amerikanische Biologe und Philosoph Steven Jay Gould mit einem Beispiel aus der Architektur: Dort haben bestimmte für das statische „Überleben" des Gebäudes unabdingbare Strukturen oft weitere Baumerkmale zur Folge. Diese sind somit zwar nicht geplant, können aber wichtiger werden als die ihnen zugrunde liegenden ursprünglichen Strukturen. So etwa die Gewölbezwickel an einer von Spitzbögen durchzogenen Wand: der Architekt „selektiert" Säulen- und Bogenform – die ungefähr dreieckigen Flächen zwischen den Bogenspitzen aber bleiben „übrig". In der Kunstgeschichte entstanden oft gerade hier bedeutende Werke, wie etwa die Evangelistenmosaike im Markusdom in Venedig.

Vielleicht sind viele herausragende morphologische Eigenschaften der Lebewesen solche „Zwickel". Vielleicht hat der Schwung des Körpers einer gelatinösen Seesternlarve keinen spezifischen Überlebenswert außer einer einzigen grundlegenden Funktion, die verlangte: ein Segel zum Schweben auszuspannen. Vielleicht ist auch der menschliche Sinn für Transzendenz weniger dem Überlebensvorteil geschuldet, den solche metaphysische Rastlosigkeit bot, sondern unvermeidlich an die prekäre Fallhöhe eines hochintelligenten und extrem flexiblen Wesens gekoppelt. Harte Evolutionsverfechter indes führen alles Ästhetische auf Nutzwert zurück. Was aber, wenn gerade jenes Beiwerk ist, verspielte Poesie auf den vom Überlebenszwang frei gelassenen weißen Seiten? Mit ihr mag wohl das Buch des Lebens zu füllen sein.

Zwingen die filigranen Wälder der Bäumchenröhrenwürmer nicht zu solchen Gedanken? Die Schneekristalle, als die Myriaden Ruderfußkrebse durch das Grün fluten? Die Medusen, stumme Seele der See in ihrer blautransparenten Virginität, Essenz dessen, was es heißt, See zu sein? Sind solche Formen nicht Leben und somit Ausdruck gewordenes Sinnbild ihrer Herkunft (als Auster ließe sich in seinem Inbegriff das Meer selbst einverleiben)?

Anders als den Blumen in der Wiese lässt sich den Anthozoen, den „Blumentieren" des Meeres, kein farbenfrohes Wettrüsten um den attraktivsten Bienenfutterplatz nachsagen. Stattdessen wird ein anderes Prinzip deutlicher: Im Sein der Organismen kommt die Beschaffenheit der sie umgebenden Welt zum Ausdruck. Die Tiere erscheinen als eine wortlose Interpretation ihres Raumes und damit

Brachiopoda

Armfüßer Tiere der Hochseeböden. In eine muschelartige Schale ist das Spiralgerüst für die Tentakelarme eingefaltet

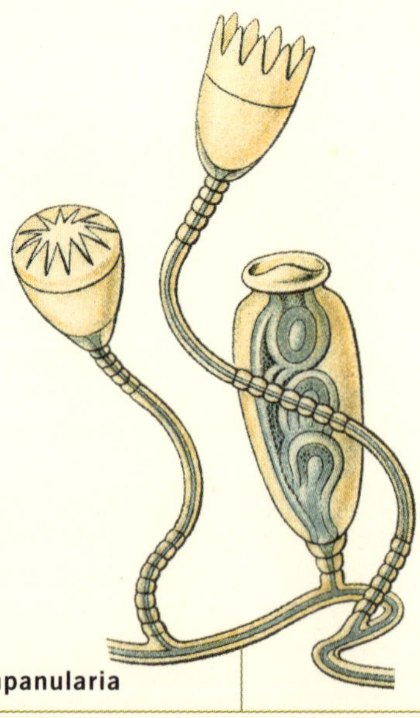

Campanularia

Glockenpolypen tragen Fresstiere (oben links) und Medusen produzierende Geschlechtstiere (rechts) am selben Stock

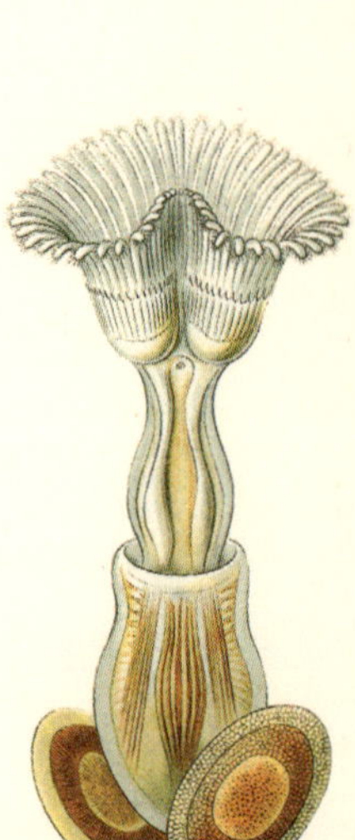

Bryozoa

Moostierchen filtrieren mit Tentakeln Schwebstoffe. Ihre zartweißen Gehäuse bilden Krusten auf Steinen und Tang

dem Kunstwerk analog. Und wie dieses oft seinen geplanten Zweck unterläuft und dem späteren Beobachter vielmehr die unbewusste Motivation, die „zeitgeschichtlichen Strömungen" als die triftigeren erscheinen, spiegeln die Wesen weniger ihren einsamen Kampf gegen die Umwelt wider als vielmehr eine tiefere Identität mit ihr. Michelet, der große Aristokrat der Meeresphilosophie, sah bereits im 19. Jahrhundert, wie sehr der Fisch, mit glitschiger Flüssigkeit überzogen, dem Element gleicht, in dem er schwimmt.

Erlaubt ist, was geht. Im Meer spielt das Leben seine ganze schöpferische Potenz aus

Die Natur hat in ihren Organismen die Organe, so könnte man folgern, sich ihrer selbst inne zu werden. Das geschieht – damit hier kein Zweifel entstehe – gewiss auf dem Weg der Evolution, nämlich in einer graduellen Auseinanderwicklung der Vielfalt. Doch zu behaupten, dass die kriegerische Brutalität des „Immer besser" einzige Triebkraft gewesen sein solle, erscheint angesichts jener treibenden Welt der Seewesen naiv. War es nicht eher andersherum? So fragen aufbegehrend die bizarren Formen mariner Wirbelloser mitten in die saubere Effizienzrechnung, die alles mit sich abmacht. Ist es nicht vielmehr so, *Aphrodite aculeata* mit deinen irisierenden Stacheln, *Tomopteris helgolandica*, schwebende Raumkolonie aus gefrostetem Glas, dass alles erlaubt ist, was geht, was den Gesetzen der Materie nicht widerspricht? Nur Absurdestes, wie ein Fisch ohne Kiemen aber mit Federn, mag niemals selektiert werden können. Sonst jedoch ist das Leben nur allzu oft der Fehler in der bioökonomischen Rechnung. Warum eine seltsame Arabeske wie das gemeine Seepferdchen mit seinem indignierten Schnäuzchen und seiner so unfischlichen Sitte, dass das männliche Rösslein die Eier seiner Braut in einem Beutel vor dem Bauch austrägt? Ist das nicht eine Laune, zu erklären im äußersten Fall damit, dass eben nicht alles dafür, aber gerade nichts dagegen sprach, dass also die Schöpfung im Schutz der einst üppig wehenden Seegraswiesen eine solche Form ausprobieren durfte? Soll sie wirklich dahin genötigt worden sein? Warum hat sich überhaupt eine solche Unüberschaubarkeit der Formen entwickelt und nicht ein einziger Universalfisch?

Natürlich spielt Konkurrenz, Druck von außen eine Rolle für die Fließrichtung in der Drift des Werdens. Doch der Zufall tut ebenso mit, und offen-

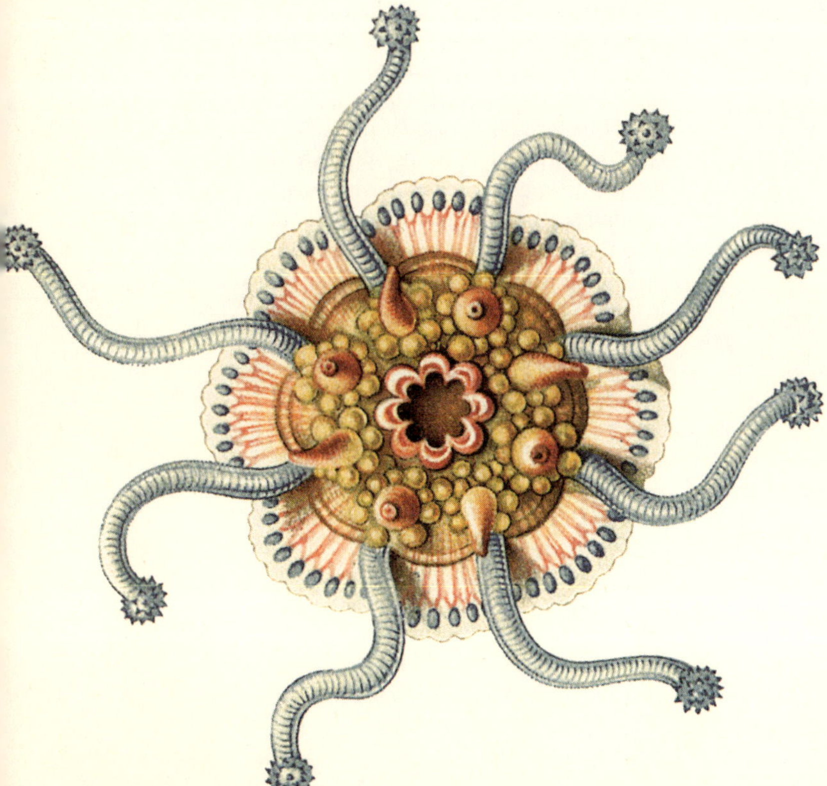

Siphonophora

Staatsquallen wie **Discalia** sind Medusenkolonien. Ansicht von unten: An der „Mutterqualle" mit achtarmiger Mundöffnung (rot) sitzen acht Geschlechtspolypen mit Eierstöcken (gelb)

Rhodophyceae

Rotalgen wie **Risoella** leben als Aufwuchs auf Steinen und anderen Meerespflanzen. Weltweit gibt es 4000 Arten

Panzerflagellaten sind einzellige Grünalgen mit ziselierter Zellulosewand. Im Sommer vermehren sie sich oft massenhaft („Algenblüte")

Dinophyta

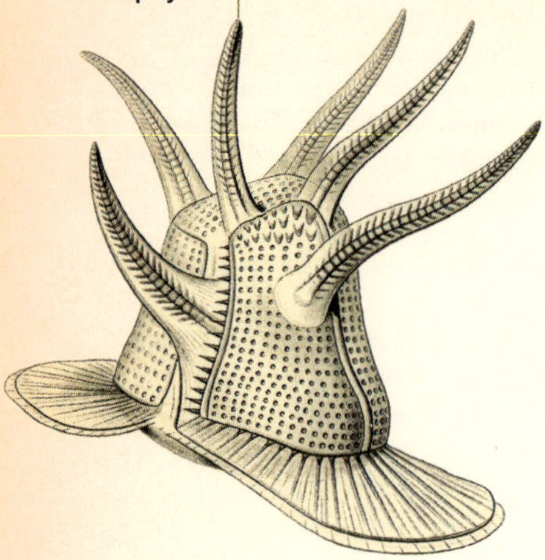

Seescheiden gehören zur Gruppe der Manteltiere. Sie strudeln über die hier sternförmigen Mundöffnungen Wasser zur Ernährung und Atmung in ihren „Kiemendarm"

Ascidiacea

bart, wo er kann, eine Tendenz zum Überschwang, zum Wahnwitz, die in ihrer Bizarrerie gänzlich unökonomisch ist, so völlig entfernt von der kapitalistischen Grundhaltung des modernen Darwinismus. Nur Raum muss da sein, Raum und Zeit: die Weite der See und ihr maßloser Rhythmus. Nur Ruhe, damit die Preziosen gepunzt werden, die Hundertkaräter des Werdens, wie jene Spechtart auf einer kleinen Insel vor Neuseeland, bei der das robuste Männchen kräftig die Stämme aufhackte, erst das Weibchen aber mit seinem ganz andersartigen,

Eine Welt ohne Seepferdchen oder Wattwürmer wäre um viele Freiheitsgrade ärmer

zur Pinzette gearbeiteten Schnabel, die Maden aus dem Holz fischen konnte und den Gatten nach getaner Arbeit füttern musste. Beide hatten, auseinander gerissen, keine Chance mehr, als der Mensch das Eiland globalisierte.

So ein Verlust ist immer auch eine Verengung der Freiheit. Eine Welt ohne Seepferdchen oder Wattwürmer oder Blindschleichen wäre eine Welt, in der wir selbst um eine Reihe von Metaphern des Seins ärmer wären, eine Welt, der wieder einige Freiheitsgrade fehlen würden. Sind diese nicht sogar nötig, um die in der eigenen Existenz als leibliches Wesen schlummernden Potenziale ans Licht zu heben? Warum erstarren auch Großstadtkinder in der dritten Generation im Angesicht eines Fisches, eines Hundes, eines Löwen, warum, wenn nicht deshalb, weil sie im noch lockeren Gewebe ihrer Seele infiltriert sind von Tierheit, weil die Grazilität, die nach außen strahlende Lebensfreude des fremden Wesens ein Ausdruck ihrer eigenen Möglichkeiten ist: nämlich Form gewordene Seele, Innen im Außen, und so erst zu erfassen?

Das ist Spekulation. Doch hat nicht zuletzt die Psychologie immer wieder die Verwurzelung unserer unbewussten Archetypen in den übrigen Wesen zu belegen versucht. Das Unbewusste ist das versteckte Organische in uns selbst. Es sind die Nervenvorgänge in unserem Körper, die zu 99 Prozent unbeleuchtet vom Bewusstsein ablaufen. Das Unbewusste ist der Seegang in unserem salzigen Zellmilieu, das wir mit dem ganzen Rest der Schöpfung teilen. Am Meeresufer können wir es, vor uns fließend, in uns spüren.

Die See öffnet uns den Blick. Ihre Farben, ihre unerwartete Transparenz auf den Boden einer verborgenen Welt ist ein Zauberspiegel, in dem die Imagination hinter die Kulissen gleiten kann, auch hinter unser von der irdischen Existenz verengtes Ich. Der zu Tage tretende Meeresboden ist das Unbewusste organischen Seins, und staunend erkennen wir seine Schönheit. Violett und blau reflektiert die feine Wasserschicht auf dem makellosen Strand Himmel und Dünen. Wolken und die feinen Schaumkronen der anlaufenden Wellen verschwimmen in der Spülfläche zu einer Landschaft, die sich ganz offenbart: Die Welt hat sich in die eigene Seele verwandelt. Unser Weg endet am glänzenden Spülsaum der Brandung. □

Andreas Weber, *Jahrgang 1967, verbrachte als Student der Zoologie viele Wochen auf Sylt. Die Formen der Meerestiere sind eine Inspiration für die biologische Ästhetik, mit der er sich schon länger beschäftigt. Dieser Essay greift einige Gedanken daraus auf.*

Ernst Haeckel, *1834–1919, war einer der namhaftesten deutschen Naturforscher, Vorkämpfer des Darwinismus und brillanter Zeichner. Seine „Kunstformen der Natur", die wir hier auszugsweise abdrucken, wurden beim Erscheinen 1904 vor allem als Hymne auf das Dekorative der Lebensformen aufgefasst. Sie inspirierten die künstlerische Sprache des Jugendstils.* *Wir danken dem Ernst-Haeckel-Haus in Jena für die Bereitstellung des Bildmaterials.*

Zirkusfiguren. Rechts der Reporter

Anfahrt ins Abenteuer: Kids mit Kippe

Die teuerste deutsche Insel gratis, geht das? Unser Reporter wollte es wissen. Mit Fahrrad und Schlafsack machte er sich auf den Weg, sechs Tage lang. Ein Selbstversuch

Text und Fotos: Stefan Becker

Sylt zum Null-Tarif

Ach wie satt hatte ich Sylt! Ich wollte nur noch weg. Am Ende meines ersten Tages. Gestrandet auf einer Parkbank. Vom Regen durchtränkt. Von Mücken zerbissen. Vom Leben geprellt. Dabei hatte auf der Hinfahrt alles so heiter begonnen: Im Zug tobte das Leben über Lehnen und Polster. Eine Klasse auf großer Küstenfahrt. Telefone dudelten, pastellfarbenes Esspapier machte die Runde, giftgrünes Haargel in der Kilodose flutschte von Hand zu Hand. Da suchten noch mehr das Abenteuer: Zahnspangen raus und Haribo rein, grenzenlose Freiheit, von ferne winkt das Meer.

Der Weg vom Bahnhof führte vorbei an Plattenbauten und Pensionären. Urlauber schwappten über die Promenade, glitten Stiegen hinab, wanden sich durch die Dünen, strandeten im Kies. So leicht hätte ich es auch gern gehabt. Aber wer hier schon pleite anreist, sollte besser noch am selben Tag mit dem Verdienen anfangen, sonst hält die Freiheit keine 24 Stunden. Hatte ich mir so vorgenommen.

Die Bilanz bis zum Abend: Ein Arbeitseinsatz auf Sylt will vorbereitet sein, die großen Zeiten des Tellerwaschens sind vorbei, und noch nie war ich so allein wie unter Touristen. Restaurants und Bars stellen nicht mehr tageweise ein. Jobs am Strand verteilt die Kurverwaltung – die Bewerbungsfrist endet mit der Vorsaison. Sogar die Jungs vom Bautrupp, die gerade die Einfahrt eines dieser geklonten Reetdach-Apartmenthäuser pflasterten, winkten ab: „Nach dem Job hier gehen wir selber stempeln." Na denn.

Dämmerung in Westerland. Kälte kommt vom Meer. Auf der Promenade kein Mensch, wahrscheinlich alle unter ihren Reetdächern. Gestrandet. Schiffbrüchige, die sich einst an Sylter Küsten retteten, waren verloren: Sie verdursteten in der Sandeinöde, oder die Insulaner schlugen sie tot. Eine Jugendherbergsnacht im Mehrbett-Zimmer auf durchgelegener Spiralmatte kostet 16, die Campingnacht mit Stromanschluss im Sand 22 Euro. Der Magen ist leer, die Beine sind flau. Zum Glück schließen sie hier ihre

Germanische Brust: Skulptur in List

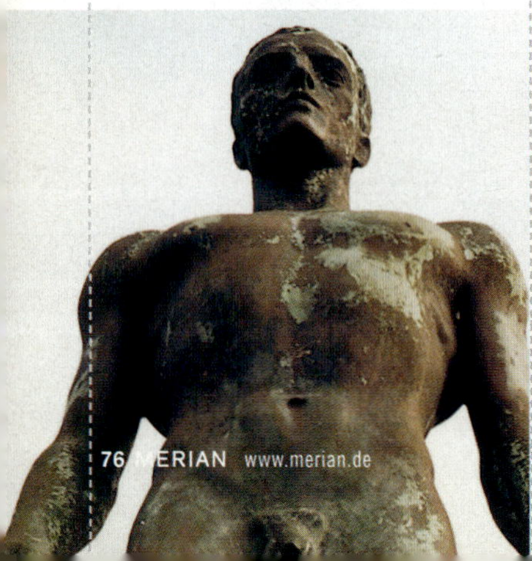

Nochmal Zirkus Mignon: Schweinekarussell

Flohbekämpfung im Waschsalon

Barschaft im Sand. Auf Sylt gilt der Euro wenig

Entspannte Autorität in Wenningstedt

Strandkörbe nicht ab. Grau verrauscht der Abend, kriecht kühl die Glieder hinauf. So einfach kann es sein: Die Natur gehört mir allein. Ich wache auf vom Regen, der mir ins Gesicht peitscht. Das Meer dröhnt. Die Hände zittern. Der Nachtportier in der DDR-Apartmentburg bietet mir mein persönliches Sylt-Special an: Statt 98 Euro die Nacht 80 ohne Frühstück. Dann doch die Notunterkunft in der Telefonzelle.

gegen Morgen fliehe ich. Bam-Bus-Klaus ist auch irgendwie ein Gestrandeter hier, mit seiner sanften Stimme, seiner Vorliebe für Federboas und seiner mexikanisch eingerichteten Bar im Bushäuschen am Lister Weststrand. Hier ist es warm. Hier ist das Leben, wie es ist: krumm. Von solchen Orten müsste es noch mehr geben zwischen Soldatenheimen und Wellness-Tempeln. Wie Feinkost-Albrecht in Tinnum etwa. Garantiert Festlandspreise, die bewährten Kettenköstlichkeiten, sogar sonntags offen. Verrät mir Dirk, eine Strandfee an der Bam-Bus-Bar. Bewohnt selbst ein Monstermobil, gibt mir kein Schlafplätzchen, aber noch ein paar ausgesuchte Tipps: „Besorg dir ein Boot und geh auf Makrele, das bringt einen Euro pro Stück". Wirklich tolle Idee, bloß wie sehen die Makrelen eigentlich aus, so im Meer, und nicht auf Brötchen?

Wer sich beim Fischfang nützlich machen will hier in Nordfriesland, so erfahre ich anderntags, verdient sowieso nichts, sondern muss erstmal investieren. (Die Nacht war gut, hätte mich nur nicht die flatternde Zeltplane des Inselzirkus dauernd aus dem Schlaf gerissen. Am Ende habe ich draußen, vor dem Kassenhäuschen, weiter gedöst. Der Direktor ließ mich ein paar Stangen schleppen, so als nachträgliche Zimmermiete). Ich fahre raus mit Käpt'n Paul, der anarchisch gegen die internationalen Gastronomie-Strukturen der Insel anfischt. Krabben. Er ist der einzige, der sie in List noch fängt, mit seinem winzigen Motorkutter, so als Hobby. Krabben kommen sonst aus Büsum, via Marokko. Gosch hat meistens keine. Unten klötert

Warnhinweis am Bahnhof

Magen voll für 2,50: Sylter Kantine, Westerland

Retter für Gestrandete: Bam-Bus-Klaus

Kutterglück: Krabben satt nach langer Nacht

List Vegas am Hafen: Hier hat die Familie Spaß

der Diesel, oben stehen drei Körbe mit dem Fang. Ich habe Paulchen Glück gebracht. Ob er die Krabben jetzt an die örtlichen Gastronomen verkaufen werde, frage ich arglos. „Ich bin doch nicht bescheuert! Diese Mafia aus Schleswig-Holstein bekommt von mir nichts."

Die ersten Tagesstunden lassen sich im Sand verdröhnen, als der Hunger dann lauter wird, teste ich einen anderen Spartipp auf dem Wasser: Happy Hour auf der „Adler 7". Draußen planschen die Seerobben, drinnen zischen die Kronkorken. Die Sonne senkt sich dramatisch am Horizont. Mit Nebel im Kopf hungert sich's leichter.

Die Rettung ist dann Jan. Sieht aus wie Campino von den „Toten Hosen" und läuft nicht weg, als ich ihn vor dem Schießstand der Wenningstedter Polizei anhaue. Bietet mir Asyl in seinem Gartencaravan, für ein paar Nächte. Fragt nicht viel. Seine Ziehtochter Phädra, die im Wagen ihr Puppenreich hat, schließt mich ins Herz. Von nun an wird alles leicht, und ich bekomme, was ich gar nicht mehr zu hoffen wagte. Eine herrliche Paella, dann zum Dessert eine Jeans: „Brauchst du noch eine Hose? Mein Bruder hat ein paar Boutiquen", sagt Jan. Passt. Überhaupt alles passt.

Am nächsten Tag helfe ich bei einer Ausstellung in Keitum, fahre nach Braderup zum Pferdefüttern, sitze nachts im Kreise insulärer Würdenträger am Lagerfeuer und lausche wehmütigen Bekenntnissen wie „Früher waren wir alle Freibeuter, und heute beutet sich jeder selbst aus". Sehe im Schein der Sterne die Insel mit ganz anderen Augen – das, ja, das ist Sylt satt. Hier endet die Geschichte, im Triumph einer überwältigenden Gastfreundschaft: eine Tugend, die ich auf diesem Eiland, wo alles seinen Preis hat, kaum vermutet hätte. Doch sie existiert, und einen Teil von ihr halte ich ganz doll fest, weil die Hose doch etwas weit ist. □

Stefan Becker, *Jahrgang 1965, kam nur ein bisschen erkältet von seinem Abenteuer zurück. Am schlimmsten, sagt er, waren die Flöhe nachts am Strand.*

Baywatch mit Badelatschen

Sylt-Special: Rucksack in der Schutzhütte

ENTDECKUNG NR.37: der Gespensterwald von Nienhagen
Land für Entdecker
MERIAN
Mecklenburg-Vorpommern
Die Küste
Das Unbekannte liegt nicht in der Ferne. Sondern gleich nebenan.
Der Amazonas? Abgehakt. Malaysia? Längst gewesen. Und Mecklenburg-Vorpommern? Erwischt!
Obwohl es hier so viel zu entdecken gibt, dass man Ihnen gar nicht glauben wird, Sie wären nicht in Übersee gewesen.
Mehr darüber finden Sie im neuen Merian Mecklenburg-Vorpommern. Oder unter: www.auf-nach-mv.de
sanft, schön & aufregend
MECKLENBURG-VORPOMMERN

Nicht nur Reet-Seligkeit

Text: Jürgen Tietz

Das geduckte Strohdachhaus ist der Traum vom idyllischen Wohnen und der Inbegriff Sylter Lebensart. Es wurde allerdings ebenso neu erfunden wie andere regionale Bauformen. Doch ob klassische Moderne oder das Stilgemisch der Gegenwart – heimatliches Kolorit muss sein

Die Küche als Arbeits- und Speiseraum. Kacheln reflektieren die Wärme des Ofens, der zugleich die Kööv, die Wohnstube, beheizt

Der Reetdach-Klassiker: Das Uthlandhaus „Solbakken", Frachtensstegelk 2 in Keitum, wurde um 1780 gebaut und vereint Wohnräume und Ställe unter einem Dach

Vorbei die Zeiten, als sich Sylt-Urlauber mit Ferienapartments in den Westerländer Hochhäusern zufrieden gegeben haben. Stattdessen sind lauschige Wohnstuben gefragt, mit Friesenküche, Friesentasse und Friesentee. Eingebettet zwischen Friesenwall und Friesenrosen. Das Reetdach tief bis zu den Sprossenfenstern hinabgezogen, prangt auf backsteinrotem Giebelfeld über der Eingangstür das Baujahr aus eisernen Ziffern – mit einer Zwei als erster Zahl. Auch sonst haben diese neuen Friesenhäuser nur wenig mit ihren historischen Namensvettern gemein: nicht nur, dass das Reet auf ihren Dächern längst nicht mehr aus Schleswig-Holstein stammt. Spätestens im Inneren der Häuser wird klar, was echte und echt falsche Friesenhäuser voneinander unterscheidet: Statt Pesel und Kööv bieten die neuen Friesenhäuser Marmorbäder und Fitnessbereich samt Sauna. Und natürlich stößt sich hier auch niemand mehr den Kopf an den niedrigen Türstürzen. Alles ist auf Standardgröße nach DIN-Norm gebracht – einschließlich Wärmedämmung und Parkplatz vor der Haustür.

Neu ist die Friesenhaus-Renaissance allerdings nicht. Ihre Wurzeln reichen bis in die Zeit um 1900 zurück, als Sylt seinen ersten touristischen Aufschwung erlebte. Damals besannen sich die Sylter auf die heimische Bautradition, um sich von der Stilvielfalt kaiserlicher Bäderarchitektur abzugrenzen. An die Stelle neogotischer Spitzbögen und mittelalterlich anmutender Türmchen traten die klaren, einfachen Bauformen des Nordens. Der Backstein, traditionell der wichtigste Baustoff der Region, gewann wieder an Bedeutung.

In diese Zeit der künstlerischen Neuorientierung fiel im Jahr 1904 die Gründung des „Deutschen Bundes Heimatschutz" in Dresden. Mit Folgen, die auch im entlegenen Schleswig-Holstein spürbar wurden: 1908 entstand der Verein „Baupflege Kreis Tondern" und beriet private und öffentliche Bauherren. Mit erstaunlichem Erfolg: Städte und Dörfer wahrten vielfach bis in die fünfziger Jahre ihr einheitliches Erscheinungsbild – auch auf Sylt.

Das bedeutendste Sylter Zeugnis des Heimatschutzstils entstand 1907/08 hinter dem Brandenburger Strand: das Westerländer Warmbadehaus. Sein Architekt, Heinrich Bomhoff, entwarf auch die 1908 eingeweihte Nicolai-Kirche.

Anbauten legen sich wie Jahresringe an die Wände vieler alter Häuser. Das stattliche Haus Am Kliff 2 in Keitum wurde links um einen Stall ergänzt, der inzwischen Wohnraum geworden ist

Wie kein anderer Sylter Baumeister verstand es Bomhoff, das historische Formenvokabular mit einer neuen, modernen Architektursprache zu verbinden. Die schlichten, aber repräsentativen Formen seines Warmbadehauses standen für eine neue Kultur im Sylter Badebetrieb. Bedauerlich, dass man den roten Backsteinbau heute vergeblich sucht. In den achtziger Jahren abgerissen, entstand an seiner Stelle das belanglose Syltness Center.

Wie gut, dass es wenigstens noch den jüngst restaurierten Westerländer Bahnhof gibt. Die Dreiflügelanlage, die einen kleinen Vorplatz ehrenhofartig einfasst, entstand 1927 zur Einweihung des Hindenburgdamms. Mit seiner repräsentativen architektonischen Geste erweist sich der Bahnhof als typisches Gebäude seiner Zeit, eine Melange aus ausklingendem Expressionismus, aufkommender Moderne und Heimatschutzstil. Deutlich wird das vor allem im Inneren: die fliesenverkleideten Wände, Leuchter im Art-déco-Stil und die hölzerne Kassettendecke haben den Charme der zwanziger Jahre bewahrt.

Bis zu Beginn der sechziger Jahre zeichnete die Westerländer Architektur eine Mischung aus backsteinrotem

Züge einer Mischarchitektur im Westerländer Bahnhof von 1927: In der Halle treffen sich Art-déco, Expressionismus und ein Hauch von Friesenstil – sorgsam gepflegt

Heimatschutzstil, wilhelminischem Verwaltungsbau und der typischen Seebäderarchitektur mit ihren vorgesetzten Holzbalkonen aus. Doch dann änderte sich das Erscheinungsbild des Ortes innerhalb weniger Jahre grundlegend. An die Stelle der kleinteiligen Einzelbauten traten große Apartmenthochhäuser.

In Kampen ging man indes einen anderen Weg. Dort breiten sich zwischen den Dünen die reetgedeckten Ferienhäuser wie eine „weidende Mammutherde" aus – wie es der Schriftsteller Ernst Penzoldt in den fünfziger Jahren ausdrückte. Mammuts, die freilich nicht aussterben, sondern sich im Gegenteil weiterhin eifrig vermehren. Wie mit hochgezogenen Schultern ducken sich diese Häuschen vor dem Wind. Solch malerische Idylle hat ihren Preis – für Käufer und Urlauber. Künstler und Prominente hat es nicht gehindert, sich zur Sommerfrische in Kampen niederzulassen. Seit den Tagen von Ferdinand Avenarius, des Herausgebers der einflussreichen Zeitschrift *Der Kunstwart*, lebt Kampen von seinem Ruf als Künstlerkolonie. Avenarius hatte sie in seinem 1903 von Ludwig Voigt errichteten „Haus Uhlenkamp" begründet. Mit Holzbalkon und tief heruntergezogenem Reetdach hatte „Haus Uhlenkamp" etwas Kurioses an sich. Deutlich als ein Gebäude der Reformzeit um 1900 zu erkennen, bemühte es sich dennoch um einen Rückbezug zur regionalen Bautradition.

Doch auch diese Qualitäten wurden später übersehen: 1968 kam das Ende für „Haus Uhlenkamp". Besser erging es dem weiß leuchtenden „Haus Kliffende", das sich der Verleger Jürgen Heinrich Tiedemann in zwei Bauphasen zwischen 1923 und 1927 von Walther Baedeker errichten ließ. Die L-förmige Anlage, die sich aus zwei einzelnen Häusern mit einem niedrigeren Verbindungstrakt zusammensetzt, liegt unmittelbar hinter dem Roten Kliff und war schon mehrmals in Gefahr, von einer Sturmflut weggespült zu werden. Nicht weniger bekannt als das „Haus Kliffende" ist der „Klenderhof" auf der Kampener Wattseite, den Otto Firle für den Cellisten Max Baldner in den frühen dreißiger Jahren entwarf. Er ist ein gutes Beispiel für die glückliche Vermischung einer moderat modernen Architektur mit regionalen Baumaterialien und -formen. Nach einer Brandstiftung ließ der neue Besitzer des „Klenderhofes", der Verleger Axel C. Springer, das Haus 1973 wieder aufbauen. So prägt die „Burg" mit ihrem markanten Rundturm bis

Wilhelminische Abkehr vom Reet: das Munkmarscher Fährhaus von 1880 (heute Hotel) mit den Blattfriesen und Säulen der Seebäderarchitektur

Der Pesel ist die nur zu besonderen Anlässen genutzte „gute Stube" eines Friesenhauses – mit blauweißen Wandfliesen und gusseisernem Ofen wie am Takerwai 2 in Keitum

Eine friesische Burg: der in den dreißiger Jahren entstandene „Klenderhof". Seine Architektur mischt subtil Altes mit Neuem

heute die Silhouette des Dorfes – weithin sichtbar für alle, die von List nach Kampen fahren.

Ausgerechnet der militärische Ausbau Sylts zur Festung durch die Nationalsozialisten sorgte nach 1933 für eine wahre Flut an Neubauten im Heimatschutzstil. Im Dritten Reich sollten nicht nur Kasernen auf Ortsbild und landschaftliche Umgebung Rücksicht nehmen, sondern auch die Wohnbauten der Soldaten. Das Ergebnis war eine Blut-und-Boden-Architektur mit regionaler Ausprägung, die durch neoklassizistische Parteibauten und funktionale Industriebauten ergänzt wurde. Wie in List ist die NS-Architekturauffassung bis heute nahezu überall auf Sylt wiederzuerkennen, etwa in der Westerländer Nordseeklinik, deren Kern das einstige Militärlazarett bildet. Rund um den historischen Lister Ortskern entstand ein Seefliegerhorst mit Kasernen, Werft- und Flugzeughallen. Um diese Militärbauten gruppierten sich die Familienunterkünfte der Soldaten und Zivilangestellten. Kaum ein Syltbesucher ahnt, dass die so harmonisch in die Landschaft eingepassten Backsteinhäuschen ihre Entstehung wenig friedlichen Zwecken verdanken. Das gilt auch für das Offizierskasino aus den dreißiger Jahren, das hoch über List thront – ganz so, als wäre der schöne Ausblick über das Watt der einzige Grund für seine Errichtung gewesen.

Zitat mehrerer Epochen: Die 1968 gebaute Sturmhaube in Kampen nahm die in den frühen dreißiger Jahren gern verwendete runde Form erneut auf

Moderne Stilelemente sucht man in List allerdings vergebens. War die Heimatschutzarchitektur bis in die frühen dreißiger Jahre noch für innovative Momente offen, so bildeten diese nach 1933 die Ausnahme. Wie bei der alten, hölzernen Sturmhaube in Kampen, die mit ihrer Loggia aus Parabelbögen eine interessante Mischung aus regionalen und modernen Architekturströmungen bot. 1936 nach einem Entwurf von Walther Baedeker errichtet, musste sie 1969 dem immer näher rückenden Kliff weichen. Ein Jahr zuvor war, ein gutes Stück weiter hinter das Kliff zurückgezogen, die neue Sturmhaube entstanden. Ihr runder Restauranttrakt bietet Ausblick auf Meer und Dünen und nimmt die Formensprache der zwanziger und frühen dreißiger Jahre auf, als Rundhäuser auf Sylt in Mode gerieten. Wie auch der Rundturm des „Klenderhofs“ und das etwas ältere Haus in der Westerländer Norderstraße 65, das heute das Restaurant „Hardy“ beherbergt.

Der schmale, langgestreckte Baukörper von „Min Lütten“ liegt parallel zum Meer, an den Klippen von Wenningstedt, mit unverbaubarem Seeblick. 1937 hatte der Architekt Otto Heilmann dieses Sommerhaus für den Nazi-Granden Hermann Göring entworfen. Doch die ideologische Instrumentalisierung durch die Nationalsozialisten brachte den Heimatschutzstil nach 1945 in Misskredit. Erst mit der Wiederkehr traditioneller Bauformen seit der Postmoderne in den achtziger Jahren kehrt auch die „Friesenhaus-

„Haus Bundis“ in Wenningstedt war schon 1786 Heim einer Walfänger-Dynastie. Original ist nur noch ein Flügel der Tür des 1923 abgebrannten, später rekonstruierten Hauses

Weise wie eine Eule.
Machen Sie sich schlau!
Kostenlose Leseprobe unter: 0180-55509
(0,12 €/Min.)
RHEINISCHER MERKUR
DIE POLITISCHE WOCHENZEITUNG FÜR DEUTSCHLAND
Die ideale Ergänzung zur Tageszeitung durch fundierte Hintergrundberichte und Analysen.
Verlag Rheinischer Merkur GmbH
Godesberger Allee 91 · 53175 Bonn
www.merkur.de · abo@merkur.de
Fax: 0228-884170
Gratisleseprobe anfordern kostenlos und unverbindlich
Verlag Rheinischer Merkur GmbH · Godesberger Allee 91 · 53175 Bonn
Name:
Anschrift:
Telefon:
Merian, W4
www.hillenbrand-werbeagentur.de

Im Heimatschutzstil errichtet und mit Reet gedeckt wurden auch die Wohnhäuser der Wehrmacht in List. Das Kasino im Hintergrund nutzt jetzt die Bundeswehr

Architektur" auf die Insel zurück. An die Qualitäten der Bauten eines Otto Firle oder gar eines Heinrich Bomhoff können die neuen Friesenhäuser jedoch nicht anknüpfen. Stattdessen bieten sie eine investorengerechte neue Niedlichkeit für genormte Urlaubsfreuden. Spannende Versuche, das historische Formenrepertoire mit zeitgenössischen Mitteln wiederzubeleben und zu bereichern, wie dies in anderen Regionen gelungen ist, sucht man auf Sylt bisher vergebens – leider. □

Jürgen Tietz, *Jahrgang 1964, ist Architektur-Journalist. Er schreibt u. a. für die* FAZ *und die* Neue Zürcher Zeitung.

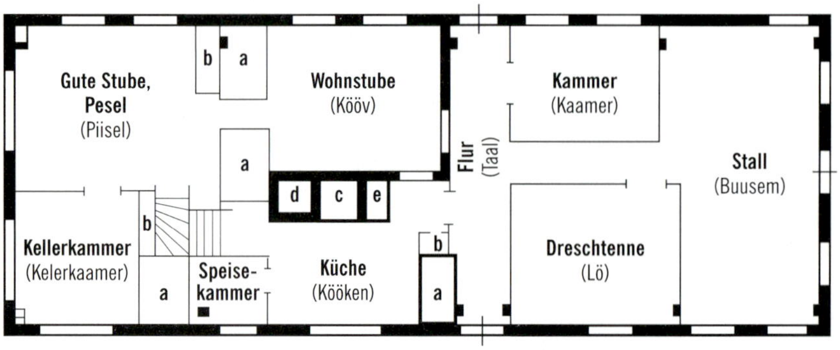

MIT DEM RINDVIEH UNTER EINEM DACH
Ein Flur trennt im Keitumer Altfriesischen Haus (um 1700) Wirtschafts- und Wohnbereich. Wärme spendete eine zentrale Feuerstelle (c) mit Backofen (d) und Nebenherd (e), geschlafen wurde in den Alkoven (a), (b) bezeichnet Schränke (s. auch S. 113)

417
299

SYLT, EIN WINTERMÄRCHEN

Kenner schwören: Am schönsten ist die Insel von November bis März. Westwind fegt den Himmel frei, einsam liegt der Strand, und manchmal zaubern Eis und Schnee eine magische Landschaft aus Dünen, Strand und Wasser

Text: Anja Haegele, Fotos: Marc-Oliver Schulz

Eismeer am Kampener Kliffende. Wenn es auf der vom Seeklima geschützten Insel einmal schneit, entstehen fantastische Szenerien

Morgenspaziergang in Keitum. Bei strengen Minusgraden lässt die feuchte Seeluft dichte Raureifkristalle wachsen

SYLTS SCHÖNSTE SONNE SCHENKT DER FROST

EIN WEISSER PANZER BRINGT DAS MEER ZUM SCHWEIGEN

Eisschollen im Lister Watt. Vor dem Bau des Hindenburgdammes erreichte in strengen Wintern wochenlang kein Schiff die Insel. Das Nötigste kam mit dem Eisboot, halb Schlitten, halb Kahn

FLAMMEN UND RAUCH VERJAGEN DEN WINTER

Die Vertreibung heidnischer Mächte: Vom Wall der Tinnumburg, einer 2000 Jahre alten Opferstätte, schauen die Sylter zu, wie das Biikefeuer lodert

IM WINTER ATMEN DIE STRANDSPAZIERGÄNGER AUF

In Tinnum ist der Winter ein Fass. Fünfzig Zentimeter hoch, gefüllt mit Stroh und etwas Teer, festgeschraubt auf Latten und Brettern. Auf einem Mast, zehn Meter über der Erde montiert, über einem riesigen Haufen aus vertrockneten Christbäumen, Euro-Paletten und morschem Holz. Ein Berg, der brennen soll, heute abend, denn es ist nicht irgendein Feuerhaufen, es ist die Tinnumer Biike. Ein friesisches Heiligtum. Hier wird der Winter, in Gestalt der kleinen Tonne, symbolisch zu Asche.

Jedes Jahr am 21. Februar brennen neun gigantische Feuer auf Sylt, lodern die Flammen im Sturm, färben dichte, rußige Wolken, in denen der Wind glühende Teile davonträgt, noch Kilometer entfernt die Häuserwände grau. Ein archaisches Spektakel, das viele Gäste auf die Insel lockt.

In ihrer Mitte, direkt neben der Wikinger-Wallanlage Tinnumburg sind die Sylter trotzdem unter sich. In dem 2500-Einwohner-Dorf gleicht der Fackelzug zum Brennplatz einer Feier im Familienkreis. Schweigend, nur mit Kopfnicken, begrüßen sich die Gestalten, stumm starren sie in die ersten Flammen, in die bald angeschwollene gewaltige Feuerwand, weichen dann zurück vor der Hitze. Erst als das Fass von seinem brennenden Mast knickt und der Teer das Feuer noch kräftiger auflodern lässt, löst ein kehliges „Oooohhhh“ das Schweigen. Der Winter ist vorbei.

Noch wird es ein paar Wochen dauern, bis der Hindenburgdamm wieder vibriert unter der Last der vollen Autozüge. Bis sie wieder halbstündlich pendeln, Stoßstange an Stoßstange, die schicken Limousinen und die Armada der bulligen Edel-Jeeps. Noch ist die Westerländer Fußgängerzone entvölkert. Am Kampener Strönwai wird die Kanalisation neu verlegt, die meisten Boutiquen sind bis Ostern geschlossen.

Aber bald, bald, da kommen sie wieder, die Festländer, die sechs Euro ausgeben für einen kleinen Milchkaffee, die auf Stilettos an den Strand stöckeln oder Fünfhunderter-Scheine, gebündelt, aus der Hosentasche knittern. Der Winter ist vorbei. Verbrannt – zum Glück.

Natürlich, auch Anfang Februar kommen Gäste. Zum Beispiel Klaus und Michael aus Furtwangen im Schwarzwald. Mit ihren Ehefrauen fahren die Mittvierziger seit acht Jahren im Oktober und im Februar jeweils für eine Woche nach Sylt. Was machen sie da? „Laufen, den ganzen Tag laufen, immer am Strand lang, von morgens um zehn bis abends um sechs“, schwärmt Klaus. Warum wandert er nicht im Schwarzwald? „Langweilig! Aber hier kann ich den ganzen Tag aufs Meer schauen. In den Himmel, der jede Minute anders aussieht.“

„Biike“ heißt Feuermal, auch Seezeichen. Die Jugendfeuerwehr bereitet das Fest vor

Diese Großleinwand über den Köpfen ist Sylts Winterkapital: Wolken ziehen ab, vom Nordwestwind getrieben. Morgennebel löst sich über dem Inselsand rasch auf. Von Oktober bis März hat Sylt mehr Sonne als etwa Hamburg. Und mit der See als Wärmespeicher sind auch die Temperaturen angenehmer – trotz des ewigen Windes, der das salzige Meerwasser in kleinste Tröpfchen zerstäubt und direkt in die Lungen der Wanderer trägt.

„Ein Winterspaziergang auf Sylt ist wie ein Marsch durch einen riesengroßen Inhalator“, erklärt Badearzt Alexander Cegla. Das Salz in der feuchten Luft benetze die heizungslufttrockenen Bronchien – „da atmen die Patienten richtig auf“, sagt der Mediziner. Sogar ein Bad in der bibberkalten Nordsee habe Heilwirkung: „Das bringt die Abwehr besser als jede Sauna auf Trab.“

Demzufolge ist das, was sich alljährlich am zweiten Weihnachtsfeiertag vor der Westerländer Strandpromenade abspielt, eine Immunstimulation großen Stils. Am 26. Dezember 2002 zeigt das Thermometer zwei Grad Lufttemperatur, das Wasser liegt knapp darüber.

Während sich 5000 Schaulustige mit Glühwein zum Gesang des Shanty-Chors warm schunkeln, entkleiden sich 113 Herren und 39 Damen in der ehrwürdigen Lesehalle bis auf die Badehose (und einige noch ein Stück weiter) und rennen nach dem Startschuss als kreischender und prustender Pulk ins Wasser. Fürs Mitmachen gibt es zwei Mandarinen, Tee, einen Müslieriegel sowie ein Leinenbeutelchen mit Piccolo und Waschmittelprobe. „Nur ein Mal untertauchen“ will Iris Adam aus Erlangen. Seit zehn Jahren kommt sie zum Weihnachtsfest nach Sylt und hat noch nie – „ich schwör's“ – im Sommer in der Nordsee gebadet.

Mit Neoprenanzug, Flossen und Handschuhen ist dagegen Fridtjof Arndts gewappnet, eins von zwei Mitgliedern des Deutschen Arktisschwimmer-Clubs. Der 47-Jährige trainiert regelmäßig vor dem Sylter Ufer und will heute 400 Meter schaffen. Wenn nur die Feuerwehr ihn nicht wieder vorzeitig unterbricht, wie im vergangenen Jahr, „weil die keine Lust haben, uns Weihnachtsschwimmer länger als nötig zu bewachen“. Verständlich. Am

WENN'S BRENNT, ERTÖNT DIE SYLTER HYMNE

Jahresende gibt es ohnehin genug zu tun: Sylt ist hellwach, ausgebucht, das Kulturprogramm hochsommerlich, der Winterschlaf unterbrochen. Erst an Dreikönig scheint die Insel sich noch einmal umzudrehen in ihrem Ruhebett, erstarrt in der Kälte, bis das Biikebrennen ihr wieder einheizt. Dann ist sie schnell vergessen, die stille Schönheit vor dem Ansturm. Zum Beispiel, dass der Winter auf der beinahe waldlosen Insel bei Sonnenschein kaum auffällt. Kein kahles Geäst erinnert an die unwirtliche Jahreszeit. Selbst die Sonne versinkt oft so glühend rot in der eisigen See wie im August vor Capri.

Sonnenspaziergang am Winterstrand, das Eis in der Hand – warum nicht? Kalt und ungemütlich ist es auf Sylt auch im Juli oft. Es hat nachts gefroren? Dann glitzern morgens die Eiskristalle auf den Rosenhecken. In der Mittagssonne rieseln sie knisternd auf die Erde – ein kirschblütengleicher weißer Flor, der nach Minuten vergeht. Und am Lister Ellenbogen ist es so still und einsam, dass der Temperamentunterschied zwischen Watt und See hörbar wird: friedlich plätschernd von der Landseite, unruhig sirrend vom unbegrenzten Meer.

Ganz in der Nähe, im nördlichsten Gebäude der Insel, hat Karl-Anton Andresen lange gelebt, der letzte Leuchtturmwärter vom Sylter Ellenbogen. Seit das Feuer automatisch blinkt, wohnt er in List. Als Chef der Freiwilligen Feuerwehr ist er verantwortlich für das örtliche Biikebrennen. „Als ich ein kleiner Junge war", erzählt er, „hatten wir ab Mitte Februar schulfrei, um mit dem Handwagen das Holz zu sammeln."

Dass auch manch alter Reifen, ebenso Ölfässer, Farbreste und Sperrmüll verbrannt wurden, verschweigt Andresen nicht. Heute reglementieren neumodische Gesetze das Traditions-Feuer. Zum Beispiel wird der Scheiterhaufen erst am Biiketag selbst aufgeschichtet, „damit sich nicht Vögel oder andere Tiere einnisten".

Vernünftig – aber das Aus für den Wettstreit der Dörfer um die höchste Biike und die damit verbundenen eifersüchtigen Erkundungsgänge im Feindesland des Nachbardorfes.

Trotzdem halten Andresen, Jugendwehrführer Jens Bitschkat, Jugendwartin Julia Seeger und zehn Feuerwehrjungs am gesammelten Holz Wache. „Aus alter Tradition haben die Jugendlichen einst die Haufen der anderen schon vorher angezündet", erklärt Bitschkat. Dieser Streich würde mittlerweile zwar als Brandstiftung geahndet – weshalb schon seit 20 Jahren kein Haufen mehr vor dem offiziellen Termin brannte – aber deshalb die Nachtwachen aufgeben? Niemals! „Das schweißt unsere Jugendlichen zusammen", schwört Julia Seeger.

Fasziniert vom hellen Feuerzauber sind die kleinsten Mitläufer im Tinnumer Biikezug

Und Hartmut Schiller, zartsinniger Leiter der Volkshochschule Klappholttal, schwärmt davon, dass in den Nächten der Biikewache schon manches Paar zusammen gefunden habe: „Die Mädchen bringen Essen und Trinken ans Lagerfeuer, da knistert es ganz schön. In den frühen Morgenstunden springen frisch gebackene Pärchen über das abgebrannte Feuer." Die Teenager, die in List das Biikeholz bewachen, pflegen indes keine derart verklärte Tradition: Ihre Getränke haben sie selbst mitgebracht, die Würstchen grillt der Jugendwehrführer, und die Freundinnen warten zu Hause. Behaupten diese zumindest – per liebevoll getippter SMS. Vom Sprung übers Feuer wollen die jungen Herren gar noch nie gehört haben: „Wir sind früher mal mit dem Auto durch die glühenden Kohlen gefahren", erinnert sich Bitschkat, 35, grinsend.

Heute gehen alle nach dem großen Brand und essen Grünkohl – wie es sich gehört, drei Tage lang gekocht. Traditionen schweißen zusammen auf einer Insel, deren Mieten viele Einheimische sich schon lange nicht mehr leisten können und die nicht nur zum Biikebrennen vom Festland einpendeln, sondern jeden Morgen mit dem Frühzug. „Die Biike ist kein Event, sondern ein traditionelles Fest für uns Einheimische", ruft Bürgermeister Ingbert Liebing am Tinnumer Brandplatz. Da nicken die Alten und singen ergriffen, die Hand auf dem Herz, „Üüs Söl'ring Lön'", die Sylter Hymne.

Und die Jungen? In List stopfen sie Böller in die Strohpuppe, die über der Biike hängt, und freuen sich diebisch, als die Figur frühzeitig Feuer fängt und ihre Knaller in die Nacht jagt. Nur der elfjährige Sven Andresen ist traurig: „Och, jetzt ist sie schon kaputt, dabei war sie so schön." Dann überlegt er sich es anders, zieht das Näschen kraus und lacht: „Na ja, immerhin heißt das, dass bald Frühling wird!" □

Anja Haegele, *Jahrgang 1971, liebte bisher Winter in den Bergen. Jetzt weiß sie auch das Zusammenspiel von Frost und Meer zu schätzen.*
Marc-Oliver Schulz, *Jahrgang 1962, lebt als freier Fotograf in Hamburg und arbeitet regelmäßig für MERIAN.*

>> *siehe auch Info-Teil ab S. 108*

Statt Krabben pulen im Pool ausruhen. Seit Sylt sich als Insel des Wohlseins entdeckt hat, ist Entspannung für viele Gäste ein Vollzeitprogramm

Wellness

Gehoben, gediegen und gewollt elitär: Lobby des „Söl'ring Hof"

Kunst aus der Küche: entbeinte Wachteln mit Spitzkohlmantel und Karottenpüree im „Söl'ring Hof"

made in Westerland

Text: Andreas Weber

Vor der Sauna ein paar Bahnen im Pool. Nach der Massage zum Sechs-Gänge-Menü. Mit Spa-Oasen und Relax-Programmen gehen die Hoteliers der Insel in die Wohlfühloffensive. „Syltness" für alle heißt Entspannung um jeden Preis

Alles ist nass hier. Beim Öffnen quillt Nebel aus der Tür. Der Fußboden glitscht unter den bloßen Sohlen, im Dämmerlicht zeichnet sich ein gekachelter Podest ab, über dessen Seiten das Wasser plätschert. Im Dampf daneben Mirko, der drahtige kleine Masseur.

Nackt streckt man sich hin auf dem nassen Tisch. Mirko, breitbeinig und mit einer nassen Schürze behängt, beginnt mit rauem Sisalknäuel die Haut zu reiben, Falte für Falte, Finger für Finger, mit der Toleranz eines greisen Hammam-Wärters und der Präzision einer gut gewarteten Waschstraße. Zwischendurch seiht er aus einem durch die Luft gewirbelten Kattunbeutel butterig plusternde Schaumberge, verteilt sie stoisch auf Körperteilen und spült dann mit einem grünen Gummischlauch nach.

Tropfend rinnt Kondenswasser von den Wänden, die im Türkischen-Bad-Dessin Jahrmarkt-Atmosphäre verbreiten, genauso wie die Polyesterfelsen der Erlebnislandschaft: Wer bei Mirko liegt, hat schon mit sportlich getrimmten Pärchen stumm im Dampf gedöst, hat danach halb erstickt in der Eisgrotte am Seil gezogen, bis der kalte Guss aus dem Eimer (Holzimitat) die Poren erschreckt wieder verschloss.

Es ist Sonntag auf Sylt, den Tee gibt es kostenlos, ein bisschen Jugend hängt hier herum und einige alte Damen, die Stimmung wirkt diszipliniert und ein ganz wenig sinnlich. Geliehene Bademäntel, geparkte Badeschuhe, es riecht nach Kampfer und Desinfektionsmittel. Beruhigend brummt die Klimaanlage des Syltness Centers. Die volksnahe Wohlfühl-Einrichtung gibt sich alle Mühe, mit den makellosen Hotels mitzuhalten, die

Lichter Luxus: Viel Glas bringt Sonne an den Pool im „Stadt Hamburg“

Leichte maritime Kost: Krebse mit Dill für gezielt verwöhne Gäste

Locker werden: Die tägliche Massage ist Wellness-Pflicht

Für alle Sinne Glücksgefühle

seit einiger Zeit den Urlaub im Urlaub propagieren: im Rundum-Sorglos-Körperpaket wird den Sinnen alles geboten, damit der Geist endlich zu sich kommt oder unbemerkt abschaltet.

„Syltness“ nennen die Leute vom Westerländer Marketing die geschlossene Blase des Wohlgefühls, und das Rubbeln und Schrubben auf dem Waschtisch des Mini-Hammams am Dünenkamm ist nur ein milder Abglanz: Mindestens ein Dutzend exklusiver Hotels bieten ein systematisches Wonneprogramm, bei dem verspannter Nacken und gespannter Gaumen gleichermaßen mit abgefeimtestem Kitzel stimuliert werden.

Die Wellness-Gala im monotonen Friesensetting zeigt ein breites Programm: Traditionshäuser mit Familienambiente auf Gutshof-Niveau wie der Benen-Diken-Hof, nostalgische Juwelen mit posthistorischer Chuzpe wie das frisch renovierte Munkmarscher Fährhaus, halbseidene Hochpreisschuppen, und die großen Grandhotels, die das Kurgastphänomen an Deutschlands karger Küste mitgeboren haben. Eines von ihnen ist das Hotel „Stadt Hamburg“, der Senior unter den Oasen mentaler Stille. Seit 1861 nonstop geöffnet und in der Zeit, als die Möwen hier goldene Flügel bekamen, zusammen mit dem „Miramar“ (über das noch zu sprechen sein wird) erstes Haus am Platz, hat sich das Patrizierhaus die gediegen-plüschige Atmosphäre angelsächsischer Ruhe bewahrt, auf die der Hanseat im allgemeinen stolz ist. Hier im Hause darf er es sein: Der Boy, echter Insulaner, ein bisschen unbefangen und dennoch dem schweren Koffer gewachsen, führt über qualitätsteppichgedämpfte Gänge, durch die der Gast später nie allein den Weg zum nagelneuen minimalistischen „Qiara-Spa“ finden würde, wenn nicht ab und zu ein eisgraubärtiger Seniorpartner mit dezent geschnürtem Bademantel die Richtung ahnen lassen würde.

Japanmassage heißt das besondere Angebot im „Stadt Hamburg“, das irgendwie eine Dependance der Kosmetikfirma Shiseido ist. Man geht in einem weißen Frotteemantel hinein, lässt ihn hinabgleiten, legt sich auf den Operationstisch, und schaut, während die Masseuse mit weichen Früchte-Händen die Sutren des Körpers verfolgt, auf seine Füße. Die stehen da so unbeteiligt in die Luft wie bei einem Unfallopfer in der Pathologie.

Eine Entäußerung. Zunächst liegt der Massierte da wie ein Stück eingeöltes Fleisch, nackt und doch nicht nackt, denn der Eros ist auf planvolle Weise exorziert – obwohl die Masseuse sich sogar, das will die japanische Härte, für den letzten Krafteinsatz auf die ächzende Liege wuchtet. Das Gegenteil von Erotik.

Herr Fröstel, Masseur im „Söl'ring Hof“, unterscheidet die oberflächliche Körperpflege etwa beim Ayurveda von seiner therapeutischen Sondierungstechnik. Mit der Disziplin eines guten Soldaten schöpft Fröstel aus einem muskulären Gebrauchsapparat eine zweite Tiefe, die unwiderruflich in den Kopf zurückflutet, während der Traktierte in seinem Fleisch förmlich versinkt. „Es geht darum, über die Berührung mit dem Körper unbewusste psychische Prozesse zu bewegen“, sagt der Süddeutsche etwas schleppend. Damit ist er hier richtig.

Denn der „Söl'ring Hof“, das exklusive Juwel der Dorint-Kette, wurde jüngst gebaut, um neue Berührungen da aufzuspüren, wo schon alles erfahren ist. Zwar wird dieser Ehrgeiz nicht in den Zimmern verwirklicht, die minimalistisch nobel sind, ein bisschen Weltliteratur im Regal stehen haben und eine Bose-Anlage, die auf Handbewegung hin Gutverdiener-Musik spielt. Ebenso wenig von den beiden VW Phaetons, die den Gästen zum

MERIAN | TIPP Wellness-Hotels

Benen-Diken-Hof
Kleiner Gutshof ganz in Weiß mit britisch dezentem Touch. Zur Anlage gehören mehrere meist alte Friesenhäuser mit Zimmern, Apartments und Suiten. Sehr sorgfältig geführtes Beauty-Studio („La Prairie"). Spa-Bereich der Spitzenklasse, sehr gute Küche. Nachmittags im getäfelten Teezimmer tickt die Wanduhr wie zu Zeiten C. P. Hansens. Für Gäste, denen „Sehen und Gesehenwerden" nicht alles bedeutet.
(D 8) Keitum, Süderstraße 5
Tel. 938 30, Fax 93 83 83
www.benen-diken-hof.de €€€

Miramar
Der Monolith aus der Bäderzeit ist im Mai 2003 hundert Jahre alt geworden. Manche Zimmer im Stil der Belle Époque, manche im Achtziger-Furnier, die Küche des sehenswerten Restaurants (hier könnte Alain Delon sitzen) wie aus Muttis Elektroherd-Kochbuch. Hervorragende Stimmung, unkompliziert und kompetent. Schöne Wellness-Anlage mit Dünenblick.
(C 8) Westerland, Friedrichstraße 43
Tel. 85 50, Fax 85 52 22
www.hotel-miramar.de €€-€€€€

Jörg Müller
Einer der besten Köche Deutschlands, immer noch die Referenz für raffinierte Neuheiten. Für Gäste, die sich müde schlemmen möchten, gibt es 22 modern ausgestattete Zimmer. Ansprechender Wellness-Bereich.
(C 8) Westerland, Süderstraße 8
Tel. 277 88, Fax 20 14 71
Elegantes Abendrestaurant (18-23 Uhr, Hauptgerichte ab 30 €), friesischer Pesel (12-14 und 18-23 Uhr, Hauptgerichte ab 16,50 €), Bistro und Bar (ab 17 Uhr). Mo geschl. €€€€

Fährhaus Munkmarsch
Vielleicht das schönste Sylter Hotelgebäude in einem hinreißenden alten Gasthof. Das Gebäude ist entkernt und um einen schlichten Hotelbau mit 14 Zimmern und 6 Suiten ergänzt. Munkmarsch hat einen auf Sylt seltenen Zauber, ruhig und ein wenig weltvergessen, der sich am besten an diesigen Nachmittagen auf der Veranda spüren lässt. Viel Natur, wenig Rummel. Moderner Wellness-Bereich, famose, rasante Küche. Einer der besten Plätze der Insel.
(D 7) Munkmarsch, Heefwai 1
Tel. 939 70, Fax 93 97 10
www.faerhaus.de €€€€

Söl'ring Hof
15 Zimmer mit Blick auf die Brandung oder den Strand. Elitäre Einrichtung, absolut intimer Rahmen (z.B. für einen Nachmittagskuchen im stillen Leseraum). Erstklassige Küche von Johannes King, Sommelier Jens Pietzonka kann (und sollte) man blind vertrauen. Er hat für Weine ein dem absoluten Gehör vergleichbares Organ.
(C 10) Rantum, Am Sandwall 1
Tel. 83 62 00, Fax 836 20 20
www.dorint.de/sylt-rantum
€€€€

Hotel Stadt Hamburg
Der Klassiker unter den Sylter Häusern und das einzige, das absolut stilsicher jene Weltläufigkeit verbreitet, die ein Haus auch internationalen Vergleichen standhalten lässt. Minimalistisch gestaltete Wellness-Anlage, hell, angenehm. Sehr gutes Restaurant, dessen Stil auch das unkomplizierte Bistro prägt.
(C 8) Westerland, Strandstraße 2
Tel. 85 80, Fax 85 82 20
www.relaischateaux.com/stadthamburg €€€-€€€€

Lindner Hotel Windrose
Großzügige, solide eingerichtete Zimmer, z. T. Apartments auf mehreren Ebenen. Zuvorkommendes, hilfsbereites Team. Regionale Kost, die nie zu üppig gerät, aber auch nicht in den Manierismus mancher großer Küchen abrutscht. Fabelhaftes Frühstück, kinderfreundlich.
(C 7) Wenningstedt
Strandstraße 21-23
Tel. 94 00, Fax. 94 08 77
www.lindner.de €€€

>> weitere Hotels siehe im Service-Teil ab S. 134

Herumgondeln zur Verfügung stehen. Er gilt nur für die Küche.

Lassen Sie es mich so sagen: Zu Tisch im „Söl'ring Hof" hat der Gast so richtig Geburtstag. Was Johannes King da kocht, gehört in die große Kür, in die ätherische Kategorie derjenigen Kunstwerke, die etwas elementar Neues aufschließen, einen funkelnden Kosmos, der im selben Moment erstmalig ist wie frisch gefallener Schnee und zugleich mit längst vergessener Heimatsüße winkt.

Woran der Gast die Genialität erkennt (etwa in Gestalt von Vorspeisenvariationen en miniature wie Tunfischtatar, Wachtelkeulchen, Gänseleber mit Korianderäpfeln), das ist die unverzügliche

Stilsicher fein: Orchideen im Hotel „Stadt Hamburg“

Neue Abenteuer für den Gaumen: verschlagene Eier mit Schinken auf Austern

Nase, Wangen, Stirn: Mit leichtem Druck wird der Kopf perfekt umsorgt

Verwöhnt wird nach System

Harmonie, in der alle Geschmacksrosetten von Anfang an d'accord sind. Dieser Eindruck wird weiter gesteigert durch die Details King'scher zynischer Genialität, wenn sich etwa die abgebrochenen Antennen des im dritten Gang verwursteten Schalentiers als grandiose Zitate über die Nachspeisenvariation schwingen: klinische Präzision mit der Kälte des Todes.

King ist eisig. Er ist so eisig, wie selbst die reservierteste Tischpartnerin nicht sein kann. Ein Eiskönig, der seinen Gast auf die Empfindungsknospen reduziert, die den Gaumen, nicht das Wort, als Konzentrat der Seele feiert. Andere Lokale auf der Insel schwingen sich in seine Höhen auf und müssen wieder fallen. Andere Fischterrinen erreichen nicht das Geeiste, Kalte, Gurkige, das dennoch Karamellige, die rasende Neuheit von King. Vielleicht können das „Stricker“ mithalten, Jörg Müller, natürlich, das „Munkmarscher Fährhaus“, neuerdings. Die meisten sonst sind exklusiv, aber langweilig. Es ist schwer, große Küche nachzuahmen, darum ahmt vielleicht die größte Küche in Wahrheit nur die Fülle der Natur nach.

Das ist ein Gedanke, dem man im „Söl'ring Hof“ zwischen dem sechsten und siebten Gang nachgehen kann. Im Kosmos King'scher Käsewelten versteht man, dass alle Weine hier auf höchster Ebene *funktionieren*, dass sie sprechen und Charakter haben, als wären sie hoch begabte Kinder.

Wer am Abend noch in den Genuss neuer kulinarischer Welten kam, liest morgens beim Frühstück die *Bild*-Zeitung. Ein gelangweiltes Kind sortiert Wildlachshappen nach Größe. Ein Glatzkopf sieht durch sein Blondchen hindurch aus der Fensterfront direkt auf den heißesten Platz des Hauses: die Limousinen-Beladestelle. Dabei ist die Anreise auf dem Land- und Seeweg nur noch bedingt typisch. Die Schweizer, erzählt die Hotelleitung, landen mit ihrem Lear-Jet, drehen eine Runde im Taxi und entscheiden dann, wo sie für die Saison bleiben.

Zum Beispiel im „Miramar“. Hotelier Nicolas Kreis holt jeden Sommer eine alternde Dame persönlich vom Flughafen ab, wenn sie in der gecharterten Maschine mit eigener Pflegerin anreist. Das Hotelgefährt, ein Mercedes 300 aus den Fünfzigern, Modell Adenauer, darf mit Sondergenehmigung auf die Runway rollen.

Kreis, alt gewordener Rocker mit spitzen Cowboyboots, pflegt in seinem Haus die Nostalgie des alten oder besser mittelalten Sylt: der großen Zeit der Spätsechziger. Das Restaurant, einmalig an der Westerländer Strandpromenade gelegen, serviert Filetspitzen Stroganoff, Quarkschaum mit Hagelzucker und Coup Danmark; das Tischtuch ist schwer, die Soßen sämig, das Gemüseallerlei hat Gebisszartheit. „Wenn Sie sich nicht zwischen Weiß oder Rot entscheiden können, nehmen Sie doch Rosé“, hilft die dralle Serviererin aus Marzahn bei der Wahl. Der Restaurantchef ist jung und schnoddrig, die Stimmung gut wie in keinem anderen edlen Speiseraum, das Eis ein Kindheitsphantasma, das ganze Haus eine stark geschminkte Diva, die ihre exzessive Lebensart pflegt wie ihren Eigensinn, der zwischen Selbstüberschätzung, charakterlicher Piefigkeit und aufrechter Generosität oszilliert.

Hier im „Miramar“ ist das Elementare der Insel verwoben mit dem Geschmack der Wirtschaftswunderzeit. Die Milchsonne des Nordens scheint zur Feier des Aufschnittbüfetts, und der Wind verteilt die Zuckerwatte des Ozeans auf den Füßen der am Spülsaum wandernden Figuren, seinen weißen Brandungsschaum, der stark an die cremige Pflegelotion im Hammam erinnert. Yeah. Syltness eben. □

MERIAN-Top Ten

Was Sie unbedingt sehen, erleben, erfahren sollten:

1. **Sonnenuntergang im Königshafen** Wenn es bei Ebbe still wird und sich das letzte Licht violett im voll gesaugten Schlick spiegelt, lässt sich die Seele der See erlauschen.
2. **Salzwiesen im Rantum-Watt im Frühling** Schreie von Säbelschnäblern in einem ungeahnten Meer aromatischer Blüten.
3. **Kaffee auf der Terrasse des Munkmarscher Fährhauses** Die Augen schließen und sich vorstellen, wie es war, als hier noch der Postdampfer vom Festland anlegte. Stilvoll und unprätentiös.
4. **Ein Kurkonzert in der Musikmuschel** mit polnischen B-Sängerinnen: Ein Blick zum andächtig lauschenden Publikum trifft direkt ins Herz der Nation.
5. **Ein Essen im Söl'ringhof** Einmal an moderner Alchemie teilhaben: dem Erlebnis, das bekannte Zutaten sich zu etwas vollkommen Neuem fügen.
6. **Frische Krabben von Paul Walter** Free-lance-Kutterkapitän, der morgens die gerade gefangene und gekochte Köstlichkeit am Lister Hafen verkauft. Bei Gosch gibts oft keine.
7. **Ein Spaziergang am Lister Weststrand bei schwerer See** Ionisierende Kur für Hirn und Sinne. Wenn man sich gegen den Wind lehnen kann, als wäre er eine Wand, und die Brecher haushoch schäumen, regt sich alte Ehrfurcht vor den Elementen.
8. **Nacktbad und dann Bier vor Buhne 16** Entspannte Stimmung im leicht hippieesken Windschutz am Strand. Flasche holen, und dann nur noch da sein.
9. **Die Sylt-Quelle-Galerie besuchen** Einer der klügsten Inselorte. Hier ist es metropolitan, wo sonst noch? Junge ambitionierte Kunst ohne einen insularen Folklore-Mief.
10. **Wattwanderung** um das strotzende Leben unter den eigenen Fußsohlen zu spüren. Die Strandkrabben können übrigens kneifen.

Volkspark mit Seeblick

Überkandidelt und urwüchsig, schrill und still – die Insel im hohen Norden schließt alle in die Arme

Wer einmal nach Sylt kommt, sagt der Volksmund, der kehrt nie wieder, oder er kommt ein Leben lang. Schon die dreiviertelstündige Anfahrt auf dem rüttelnden Flachwagen ist Geschmackssache. Doch sobald der Zug auf den Hindenburgdamm hinaus beschleunigt, links und rechts weite und leere Flächen sich ausdehnen, wechselt die Stimmung, und der Reisende rollt hinein in den melancholischen Zauber der See. Bei klarer Sicht tauchen die Wahrzeichen der Insel an der Kimm auf: die Leuchttürme von Hörnum und Kampen, die Keitumer Kirche, und dann, massiver, die Skyline der Minigroßstadt Westerland. Hat der Zug Inselboden erreicht, wirbelt Duft von Sanddorn und Dünenrosen durchs Fenster. Adrette Friesenhäuser ziehen vorbei, bürgerlicher Einheitsklinker und flache Getränkemärkte. Und Sylt ist genau das: Poesie und Proletariat, speziell abgeschmeckt. In Westerland, der Zwergmetropole mit Kudamm-Flair, stoßen die Gegensätze zusammen. Billig-Shops in Nachkriegsschachteln auf den Einkaufsmeilen Friedrich- und Strandstraße treffen auf High-End-Juwelen wie das Hotel „Stadt Hamburg", korrekt understated mit seiner fast 140-jährigen, heute weißen Ziegelfassade. Westerland ist beinahe zonenhässlich mit seinen Appartementburgen am Strand. Und doch sind sie immer ausgebucht, denn vor ihren Fenstern ist nichts mehr als Meer. Ästhetisch ist Deutschland auf Sylt klassenlos. Ob Single oder Senior, ob Promi oder Pauschaltourist, für die unterschiedlichsten Interessengruppen ist die Insel ein jeweils anderer Inbegriff geworden.

Jedes Jahr besuchen etwa 657 000 Gäste die „Königin der Nordsee". Faulenzen oder Fun, Shoppen oder Surfen, Naturerfahrung oder Nachtleben: Sylts konkurrenzloser Reiz besteht darin, all diese Gegensätze unter einen Hut zu bringen. Wer es nicht so volkstümlich haben will wie in der Inselhauptstadt, kann in Wenningstedt absteigen, das im Süden bereits mit Westerland zusammenfließt. In den Ort mit romantischem Dorfteich und Schleswig-Holsteins ältestem Hünengrab zieht es viele Familien. Im exklusiveren Braderup mit seinen ursprünglichen Heideresten und dem Weißen Kliff am Watt sprießen hingegen prachtvolle Anwesen wie in Sylts goldenen Zeiten der Sechziger und Siebziger: Immer mehr betuchte Prominente lassen sich in dieser beschaulichen Gegend nieder. Noch exklusiver wird es wenige Kilometer nördlich: Kampen ist inzwischen fast unwirklich, so herausgeputzt, gestylt und glatt-verwechselbar erstreckt es sich zwischen Watt und offenem Meer. In einer Satzung

Die „Sansibar" liegt abgeschieden in den Dünen: an dieser Stelle ist Sylt gerade einmal 1000 Meter breit

von 1913 sind Rotstein und Reetdächer vorgeschrieben, höher als acht Meter darf nicht gebaut werden; die Grundstückspreise gelten als die höchsten der Republik, ja Europas. Wer sich Ruhe wünscht, findet sie eher im Osten. 1970 als Großgemeinde eingerichtet, besteht Sylt-Ost aus den Ortschaften Tinnum, Keitum, Munkmarsch sowie Archsum und Morsum. In Keitum liegen die schönsten Reetdachhäuser der Insel in dichten Gärten hinter dem Labyrinth der kleinen Wege. Ihren Altersruhesitz schmückten die heimkehrenden Kommandeure von Walfangbooten im 16. und 17. Jahrhundert mit kostbaren Prachtfassaden und Türschnitzereien. Weiter östlich bei den Dörfern Archsum und Morsum hat die Insel den Charakter einer Marsch mit weiten Wiesen bewahrt. Höfe liegen hier auf Warften: Erst 1937 wurde das Tiefland eingedeicht. Durchgangscharakter hat das südlich von Westerland gelegene Rantum. Freilich sind hier die Strände schön und nicht überfüllt. Bedeutsam ist vor allem das eingedeichte, 560 Hektar große „Rantum-Becken", ein Vogelschutzgebiet, das sich auf dem Damm umwandern lässt. Hier duften die Salzwiesenblumen in aller Stille. Ruhig ist es auch in Hörnum ganz im Süden, das am stärksten um seine Badegäste kämpfen muss. Besiedelt erst gegen Ende des 19. Jahrhunderts, blieb die Südspitze lange Einöde, wo Schiffsbrüchige verhungerten und verdursteten. Hörnums erstes festes Gebäude war ein Schutzhaus für Gestrandete. List im äußersten Norden, erst mit einem gigantischen Flughafenprojekt der Wehrmacht groß geworden, vereint die Sylter Extreme noch einmal exemplarisch: Im Lister Hafen, nahe dem Anleger der Fähre zur dänischen Insel Rømø liegt „List Vegas", eine Fischbuden- und Amüsierlandschaft, wo auch Papa Gosch Eismeerkrabbenbrötchen und Südseemuschelsäcke verkauft. Aber dahinter, in den Tälern des Listlandes, ist Sylt noch so, wie es immer war: still und karg und weit.

Texte: Britta Schmidt, Christian T. Schön, Andreas Weber

INFO | INHALT

INFO | LEGENDE

Alle Adressen im Info-Magazin sind MERIAN-Empfehlungen. Die Adressen mit dem MERIAN-M bestechen durch ein hervorragendes Preis-/Leistungsverhältnis. M sehr gut, M M herausragend, M M M nicht zu übertreffen. Preiskategorien Hotels: € DZ unter 100 € €€ DZ 100-150 € €€€ DZ 150-200 € €€€€ DZ über 200 €. Preiskategorien Restaurants (Hauptgericht): € unter 10 € €€ 10-20 € €€€ über 20 €.

(C 8) Die Planquadrate der Adressen beziehen sich auf die MERIAN-Karte (Seite 131-133). Stadtpläne zu Kampen, Keitum, List, Wenningstedt und Westerland befinden sich auf der Rückseite der Faltkarte (Seite 3).

MERIAN | TIPP

Mit **www.merian.de,** dem online-Reiseportal von MERIAN, auf die Nordseeinsel Sylt reisen und zu 5000 weiteren attraktiven Zielen und detaillierten Informationen aus der MERIAN-Familie. Mit vielen Extras und Plänen zum Downloaden.

Landesdaten

Fläche:
97 km². Die drei größten Gemeinden sind Sylt-Ost (37,97 km²), List (18,47 km²), Westerland (10,45 km²). Die kleinste ist Hörnum (6 km²).
Einwohner:
Rund 20 800. Davon wohnen 8 853 in Westerland, 5 622 in den fünf Dörfern der Gemeinde Sylt-Ost und 2 693 in List. Nur 500 leben in Rantum. Einwohnerdichte: 214 pro km² (Schleswig-Holstein 178, Bund 231). Im Sommer leben außerdem ca. 2000 Saisonarbeiter auf der Insel.
Höchste Erhebung:
Uwe-Düne (bei Kampen), 52,5 m
Küstenlänge:
Rund 110 km (ohne Damm), davon ca. 40 km West- und 5 km Nordstrand.
Tourismus (2000):
Jährlich rund 657 000 Gäste und 5 879 000 Übernachtungen. Kapazität: 49 500 Betten.
Arbeitslosenquote:
Im Winter knapp 12, im Sommer 4 % (Bund 9,8 %). Täglich kommen 3 000 Menschen zur Arbeit nach Sylt und 1 200 pendeln von der Insel auf das Festland.

ANREISE

Mit dem Zug

Auto-Züge der Deutschen Bahn fahren ab Dortmund, Düsseldorf, Stuttgart (Kornwestheim) oder Frankfurt (Neu-Isenburg) nach Westerland. Personenzüge fahren von allen Bahnhöfen Deutschlands. IC-Direktverbindungen bestehen von vielen deutschen Städten und von Basel aus. Die Regionalbahn hält auf Sylt auch in Morsum und Keitum.
Auto-Züge Tel. 018 05 24 12 24
Reise-Service Tel. 118 61
www.bahn.de

Mit dem Auto

Die A 7 führt von Süden bis Flensburg-Harrislee, von dort die B 199 nach Niebüll. Sylt selbst ist nur per Auto-Shuttle zu erreichen, das über 20 mal täglich (6 bis 21 Uhr) über den Hindenburgdamm zwischen Niebüll und Westerland verkehrt. Fahrdauer: 35 Minuten. Ab 65 €. Fahrräder werden kostenlos transportiert.
DB AutoZug Terminal Niebüll
Tel. (046 61) 93 45 67
DB Auto-Zug Terminal Westerland, Tel. (046 51) 995 05 65
www.dbautozug.de

Mit der Fähre

Ganzjährig geht es vom dänischen Hafen Havneby auf der Halbinsel Rømø in Dänemark nach List auf Sylt. Die Überfahrt dauert 50 Minuten. Kostenlose Reservierung wird empfohlen.
Reservierung ab List
Tel. 018 03 10 30 30
Fax (04 61) 864 30
Reservierung ab Havneby (DK)
Tel. (00 45) 73 75 53 03
Fax (00 45) 73 75 53 05
www.frs.de/rsl

Mit dem Flugzeug

Im Sommer gibt es Linienverbindungen von und nach Berlin, Dortmund, Düsseldorf, Frankfurt, Hamburg, Köln-Bonn, Paderborn, Mannheim, Saarbrücken und München. Sylt Air bietet Charterflüge zu vielen Flughäfen in Europa an.
SFG Sylter Flughafen GmbH
Tel. (046 51) 92 06 12
Fax 92 06 55
www.flughafen-sylt.de
Sylt Air Tel. (046 51) 78 77
Fax 92 97 07, www.syltair.de

AUSKUNFT

Nordsee-Tourismus-Service GmbH

Zingel 5 (Postfach 1611)
25813 Husum
Tel. (048 41) 89 75 11
Fax 48 43
www.nordseetourismus.de

Kurverwaltung

- (E 9) Archsum
Dorfstraße
Tel. 337 44
Fax 337 47
www.sylt-ost.de
- (C 14) Hörnum
Strandstraße 2
Tel. 962 60
Fax 96 26 66
www.hoernum.de
- (D 6) Kampen
Hauptstraße 12
Tel. 469 80, Fax 46 98 40
www.kampen.de
- (D/E 8) Keitum
Am Tipkenhoog 5
Tel. 337 33, Fax 337 37
www.sylt-ost.de
- (F 3) List
Am Brünk 1
Tel. 952 00, Fax 87 13 98
www.list-sylt.de
- (F 9) Morsum
Bahnhofstraße
Tel. 337 55, Fax 337 57
www.sylt-ost.de
- (C 10) Rantum
Strandstraße 7
Tel. 80 70, Fax 807 66
www.rantum.de
- (C/D 8) Tinnum
Dirksstr. 11
Tel. 337 11, Fax 337 17
www.sylt-ost.de
- (C 7) Wenningstedt/Braderup
Strandstraße 25
Tel. 44 70, Fax 447 40
www.wenningstedt.de
- (C 8) Westerland (Tourismusservice)
Strandstraße 35
Tel. 99 80, Fax 998 60 00
www.westerland.de

DATEN | WETTER

Sylt		Jan.	Feb.	März	Apr.	Mai	Juni	Juli	Aug.	Sept.	Okt.	Nov.	Dez.
Durchschnittl. Temp. in °C	Tag	3	2	5	10	15	18	19	20	17	12	8	5
	Nacht	-1	-2	0	4	8	11	14	14	12	8	4	1
Sonnenstund./Tag		2	3	4	6	7	9	7	7	5	3	2	2
Regen-Tage		12	9	8	8	7	7	10	12	12	13	13	13
Wasser-temp. in C°		4	3	4	6	10	13	17	17	15	13	9	6

Der Golfstrom vom Atlantik sorgt für ein gleichmäßiges Klima auf der Nordseeinsel. Die Winter sind mit im Schnitt 2 °C etwas milder, die Sommer mit 17 °C etwas kühler als auf dem Festland. Steter Wind vertreibt dafür die Wolken – die Folge: 1714 Sonnenstunden im Jahr. Typisch ist plötzlicher Seenebel; mit Sichtweiten von 20 bis 50 Metern kann er im Watt lebensgefährlich sein. Der Ostwind bringt (wie der bayerische Föhn) Kopfschmerzen – und saugt Quallen in Ufernähe.

TELEFON

Die Vorwahl für Sylt ist einheitlich 046 51. Sie gilt, wenn nicht anders angegeben, für alle Telefonnummern im MERIAN-Infoteil (S. 108-136).

Wichtige Telefonnummern

Ärztenotruf am Wochenende 288 05 und 288 06
Seenotrettung 87 03 65
Schlüsselnotdienst 227 96
Taxiruf 50 50 und 55 55
Wetter-Info List/Sylt 87 10 98

MIETWAGEN

Zu Biike (21.2.), Ostern, Pfingsten und Himmelfahrt und von Juli bis August sollten Sie Mietwagen rechtzeitig reservieren.

Hertz

(D 8) Autohaus Albrecht, Tinnum, Keitumer Landstr. 21
Tel. 34 56, Fax 332 17
Opel Agila, 1 Tag ab 49 €

Sylt Mietwagen

(D 8) Kress & Hansen, Tinnum
Mittelweg 3, Tel. 339 18
Fax 339 44
Smart, 1 Tag ab 40 €, Smart Cabrio, 1 Tag ab 49 €

Europcar

(C 8) Esso-Tankstelle,

Westerland, Trift 2
Tel. 71 78, Fax 230 58
Polo und Corsa, 1 Tag ab 45 €.
Im Sommer Cabrios.
Stephan Annecke
(C 8) Westerland, Tinnumer Str. 1, Tel. 67 09, Fax 77 58
Mitsubishi Colt, 1 Tag ab 35 €
Avis
(D 8) Flughafen Westerland
Tel. 237 34, Fax 237 35
Smart, 1 Tag ab 35 €.
Im Sommer Cabrios.

Veranstaltungshinweise
Täglich in der *Sylter Rundschau*, der einzigen Tageszeitung, und den Wochenblättern *Sylt Aktuell*, *Sylter Spiegel* und *Sylt Life*. Gute Informationen bieten auch die *Sylter Urlaubstipps* (6 mal im Jahr) und das zu Saisonbeginn erscheinende *Sylt Magazin*. Im Internet: www.sylter-terminboerse.de

BÜCHER

Andersen, Christa Maria, Sylt, MERIAN Live! 2001, 7,95 €. Handlich für unterwegs. Komplett mit MERIAN Top Ten, Tipps und Kartenatlas.

Banck, Claudia, Sylt, Föhr, Amrum, Dumont Reisetaschenbuch 2000, 12 €. Tipps und Adressen zu den Nordfriesischen Inseln. Landschaft und Historie, mit Reiselust geschildert.

Frenzel, Volker und Deppe, Frank, Sylt-Inselgeschichten, Medien-Verlag Schubert 1998, 18 €. Die „Russische Rakete", Deutschlands erste Zahnärztin, die Taschenuhr von Abraham Lincoln: Sylter Anekdoten und Kuriositäten, von zwei Insulanern erzählt.

Fründt, Hans-Jürgen, Insel Sylt, Reise Know-How 2002, 10,50 €. Umfangreiche Infos zu Stränden, Hotels, Cafés und mehr. Spannende Kurzessays. Muss dabei sein.

Hörning, Winfried, Sylt – Literarische Reisewege, Insel Taschenbuch 1999, 10 €. Mit Witz und Romantik auf Inselpfaden. Erzählungen, Briefe, Tagebücher von deutschen Autoren. Für Schöngeister Grundausstattung.

Jessel, Hans (Hrsg.), Das große Sylt Buch, Ellert & Richter 1996, 25 €. Namenhafte Sylt-Kenner über Geschichte, Lebensraum und Kultur ihrer Lieblingsinsel. Hervorragende Farbfotografien und historische Aufnahmen.

Jessel, Hubertus, Insel Sylt – Wanderbuch, Kompass Verlag 2002, 11,95 €. Ausführlicher Wanderführer mit guten Routenbeschreibungen. Zahlreiche Hintergrundinfos.

Kunz, Harry und Steensen, Thomas, Sylt Lexikon, Wachholz Verlag 2002, 35 €. Allwissendes Lexikon: Natur, Landschaft, Geschichte, Kultur, Politik, Wirtschaft. Endlos viele Details zur Insel. Natürlich von A-Z.

Kunz, Harry und Thomas Steensen, Sylt Quiz, Wachholz Verlag 2003, 9,90 €. Sylt-Wissen auf Vordermann: Über 200 Fragen zur „Toten Tante", zu Hindenburgdamm, Biikenbrennen und mehr.

Missler, Eva, Sylt, Amrum, Föhr, Halligen, Baedeker 2003, 12,95 €. Informativer Standard: Tipps zu Tagesausflügen auf die Nachbarinseln.

Rieckhoff, Sibylle und Jürgen, Johanna auf Sylt, Baumhaus Verlag 2000, 9,80 €. Johanna entdeckt in den Ferien die Insel und sucht Ekke Nekkepenn, die Sylter Sagengestalt. Kinderbuch.

Wielandt, Gondel, Die Lassens von Sylt, Christians Verlag 1974, 18,80 €. Erzählung aus den Tagen, als Sylt weit davon entfernt war Badeort, Ferienparadies und Königin der Nordsee zu sein.

Karten aus MERIAN-Heften sind bei geomatics@ipublish.de zu bestellen oder unter Telefon (089) 450 00 72 72.

MERIAN-orbit

Sylt ist dem Verfall ausgeliefert. Naturgewalten bestimmen seine Form. Nur die Inselmitte, Westerland und Flughafen, liegt auf einem unangreifbaren Geestkern. Doch die Nehrungsspitzen Hörnum Odde und Ellenbogen verlieren meterweise Land, obwohl an der Westküste fast jährlich neuer Strand aufgespült wird. Der Sand wird von den Gezeiten und Stürmen ins Meer gerissen – und taucht erst vor Rømø und Amrum wieder auf. Die Vorlage für das markante Sylt-Logo schrumpft.

SITE-SEEING

TEXT: PETER GLASER

Sylt auf dem Surfbrett

Die nordfriesische Insel ist perfekt verlinkt. Webcams haben den Strand unter Kontrolle

Als Königin Elisabeth von Rumänien 1888 in der Westerländer Villa Roth ihr Quartier buchte, war das so etwas wie die Geburtsstunde der „Prominenz auf Sylt". Den Reigen eröffnet hatten aber, im Stillen, die Dichter: Gerhart Hauptmann liebte List, Julius Rodenberg träumte in den Dünen, und Carl Zuckmayer schwang in Kampen die Feder: „Es schläft das Meer, es ruht das Watt, die Wildgans schlägt, von Muscheln satt, das Wachs tropft von den Lichtern. Wir trinken unsern Portwein still, mag kommen, was da kommen will, der Himmel helf' den Dichtern."

Das Portal **www.ratgeber-sylt.de** hält in einem „Insel A-Z" viele Infos zu den Orten und zum Urlaub bereit. Hier wird vermutet, dass der Name der Insel sich von „Sild" ableitet, dem dänischen Wort für Hering. Das gastronomische Angebot bietet heute noch weitere Köstlichkeiten, die man sich sogar nachschicken lassen kann. Etwa die „Sylter Kutterkiste" von Gosch (**www.gosch-sylt.de**). Darüber hinaus sind die Sylter Spezialitäten – gleich, ob zart-nussige Austern (**www.sylter-royal.de**) oder Fliegende Bauten (**www.meerkabarett.de**) – tunlichst vor Ort zu genießen. Die Navigationshilfe **www.gastro-sylt.de** wartet dazu mit Restaurants, Lokalen und Rezepten auf. Amüsante Kurzweile bieten die „Viva Sylt Online News" (**www.vivasylt.com**) mit Event-Kalender nebst zugehörigem Klatsch und Tratsch. Unter **www.sylt-news.de** findet sich neben Wetterberichten und Veranstaltungen eine Datenbank für Unterkünfte. **www.sylt.citysam.de** führt eine Zusammenstellung von Hotelbewertungen, und unter **www.syltinfo.de** kann man sich neben dem Quartier auch einen Job auf Sylt suchen. Zum Einstieg in das heutige Inselleben ist die Site **www.sylt.de** mit Links zu den Kurverwaltungen nur bedingt empfehlenswert.

Ohne Webcam: die Hörnum-Odde

An acht verschiedenen Orten lässt sich via Webcams unter **www.sylt-wetter.de** die Wetterlage auf der Insel schon mal von zu Haus aus abchecken. Natürlich gibt es auch eine spezielle Sylt-Suchmaschine (**www.sylt-suche.de**), die noch viele Fakten zu Anreise, Aufenthalt und weiteren Sylter Genüssen anbietet. Man kann hier einen Newsletter abonnieren, um sich auf dem Laufenden zu halten. Und wer dann noch wissen will, wer der „Dikjelmann" war oder was es mit der Schlacht zwischen dem Sylter Heer und der Zwergenarmee bei Braderup auf sich hatte, muss die meerumschäumten Mythen des „geheimen Sylts" (**www.ac-today.de**) besuchen.

Wuchtiger Turm, gedrungenes Schiff: St. Severin in Keitum

KIRCHEN

St. Martin in Morsum

Verzeichnet auf einer Landkarte von 1240 und somit wohl ältestes Gotteshaus der Insel. Romanische Wehrkirche auf einer flachen Hügelkuppe inmitten der weiten Marschen von Sylt-Ost. Die Kirche ist bis heute fast unverändert. Kein Turm, Glocken in einem niedrigen Holzgerüst in einiger Entfernung. Innenraum von schlichter Schönheit. „Abendmahl" (1738) von einem unbekannten Künstler im norddeutschen Barockstil. Der ungewöhnliche spätgotische Gnadenstuhl zeigt den leidenden Jesus am Karfreitag.

(F 6) Morsum, Haawerlön 5
Pastor Schulz, Tel. 89 02 25
Fax 97 81 44
Gottesdienst So 10 Uhr
Orgelkonzerte So 20.15 Uhr
Orgelvesper Mo 20.15 Uhr

St. Severin in Keitum

Vor etwa 800 Jahren im romanischen Stil aus rheinischem Tuff, Feldsteinen, Granit- und Ziegelsteinen erbaut. Der spätgotische Turm diente zunächst als Seezeichen, und bis 1803 wurden hier Häftlinge gefangen gehalten. Denkmalgeschützte Grabsteine mit reich verzierten, allerdings auch verwitterten Inschriften von alten Sylter Kapitäns- und Walfänger-Familien. Organist und Kantor Matthias Eisenberg begründete in den neunziger Jahren ein anspruchsvolles Musikprogramm. Mittwochs um 20.15 Uhr lädt er zu erstklassigen Konzerten ein, von großartigen Klezmer-Improvisationen bis zu Weihnachtsoratorien. Dann werden oft die letzten Notsitze ausgeklappt.

(D 8) Keitum, Munkmarscher Chaussee/Ecke Kirchenweg
Pastor Traugott Giesen
Tel. 317 13
Karten für die Konzerte: Sylt-Marketing GmbH, Stephanstr. 6
Kaufhaus H. B. Jensen, Maybachstr. 10; Buchhandlung Voss, Friedrichstraße 27
Kurverwaltungen der Norddörfer und Keitum
Gottesdienst So 10, Kindergottesdienst 11 Uhr, Mo und Do 17 Uhr Führungen

NATURDENKMALE

Hünengrab Denghoog

Das Ganggrab aus der Zeit um 3000 v. Chr. gehört zu den bedeutendsten Steinzeitgräbern Nordeuropas. In der 15 Quadratmeter großen, von drei Metern Erde bedeckten Grabkammer wurden Tongefäße, Flintbeile sowie Bernsteinschmuck (z. T. heute im Keitumer Heimatmuseum) gefunden. Ein anderes Grab, der Tipkenhoog, liegt bei Keitum.

(D 6) Wenningstedt
Am Denghoog (Nähe Wenningstedter Dorfteich)
Tel. 316 50 und 328 05
Apr. bis Sept. Mo-Sa 10-16 Uhr, Okt. bis März nach Anmeldung

Kampener Vogelkoje

Die Inselbewohner verdienten ihr Geld bereits im 18. Jh. mit dem „Entenringeln": Zahme Lockvögel lotsten ihre wilden

Artgenossen auf speziell präparierte Teiche, wo der „Kojenmann“ die Tiere in eine Reuse trieb. In der 1767 nach holländischem Vorbild angelegten Kampener Vogelkoje wurden insgesamt 695 957 Enten erjagt, 1841 allein 25 224. Zunehmende Geräuschbelästigungen durch Militär und Badebetrieb führten 1921 zur Stillegung. Trotz der Vorgeschichte schönes Naturschutzgebiet in einem der seltenen Sylter Wäldchen. 51 Brutvogel- und 170 Pflanzenarten können in diesem Biotop beobachtet werden. Eine zweite Vogelkoje in Eidum wird vom Verein Jordsand betreut und ist nur mit Führungen zu besichtigen.
(D 5) Kampen, Lister Straße
Tel. 87 10 77
Kampen: Ostern-Pfingsten 13-16, Pfingsten-Sept. 10-16 Uhr, Okt. 13-16 Uhr, Mo und Nov.-März geschlossen.
Eidum (C 9, Dikjendeel) Führungen März-Okt. (Tel. 5812) Di-So 11 Uhr, Gruppenführungen nachmittags

Lister Wanderdünen
Die einzigen wandernden Sandberge Deutschlands, Relikte einer unzugänglichen Dünenwelt im Norden der Insel, bewegen sich jedes Jahr um vier Meter nach Osten, und werden eines Tages wieder im Watt verschwinden. (Naturschutzgebiet – Zutritt nicht gestattet!)
(E 3) westlich von List, an der Straße nach Kampen

Rotes Kliff
Die rund 180 000 Jahre alte Formation aus lehmbedecktem Kaolinsand zieht sich 4,5 Kilometer von Wenningstedt bis zum „Haus Kliffende“ in Kampen. Von der fast 30 Meter hohen Grundmoräne, die bei Sonnenuntergang majestätisch entflammt, gehen jährlich ein bis vier Meter Land verloren. 1979 wurde sie unter Naturschutz gestellt; die darauf verbliebenen Häuser brechen durch Landverlust nach und nach ins Meer hinunter.
(C/D 5/6) Am Strand zwischen Wenningstedt und Kampen

Tinnumburg
Die Wallanlage mit 120 Meter Durchmesser aus dem 9. oder 10. Jahrhundert liegt auf der ältesten Kleischicht der Sylter Südermarsch. Sie war zunächst Stätte für Opferrituale, ehe sie von Wikingern, die den heute 20 Meter breiten und acht Meter hohen Wall errichteten, umgebaut und besiedelt wurde.
(C 8) Tinnum, Borigwai (am Ende der Straße)

Uwe-Düne
Das „Matterhorn von Kampen“, benannt nach dem Sylter Landvogt und Unabhängigkeitskämpfer Uwe Jens Lornsen (1793-1838). Schöne Aussicht über Dünen und Meer aus 52 Metern Höhe.
(D 6) Kampen, am Ende der Kurhausstraße

HEIMATMUSEEN

Altfriesisches Haus mit Museumsweberei
Eindrucksvolle Darstellung der Sylter Kulturgeschichte des 18. und 19. Jahrhunderts in einem mehr als 300 Jahre alten Friesenhaus. Die Sammlung geht zurück auf den

Verlockend für Wildenten seit 1767: die Kampener Vogelkoje

MERIAN | TIPP

Lichter in der Nacht

Sylts ältester Leuchtturm, Baujahr 1855, steht am Roten Kliff in Kampen. Das schwarz-weiß gestreifte Gebäude wurde damals mit der erst wenige Jahre zuvor in Frankreich entwickelten Technik der Fresnel-Gürteloptik ausgestattet. Natürlich wird das früher mit Rüböl gespeiste Licht längst elektrisch erzeugt und vom Festland ferngesteuert. Reichweite: 20 Seemeilen (37 Kilometer). Ein Backsteinturm, 1912 nördlich von Kampen in die Dünen gebaut, warnte bis 1974 als Quermarkenfeuer Schiffe vor dem Strand. Der kleine Leuchtturm List-West, 1857 entstanden, ist das nördlichste Gebäude Deutschlands. Sein gleichaltriger Nachbar auf dem Ellenbogen, das Feuer List-Ost, steht inzwischen so nah an der Abbruchkante, das er bald vom Meer verschlungen sein wird. Der jüngste Turm, ein Einheitsmodell, das so auch auf Pellworm und Westerheversand steht, befindet sich in Hörnum. Er beherbergte von 1918 bis 1930 Deutschlands kleinste Schule und kann als einziger besichtigt werden. Im siebten Stock lassen sich gern Hochzeitspaare trauen.
Besichtigung nach Anmeldung bei der Kurverwaltung Hörnum, Tel. 962 60
Trauungen: Standesamt Westerland, Tel. 85 12 50-52

Leuchtturm am Roten Kliff

Grabkammer der Steinzeit: der Denghoog bei Wenningstedt

Sylter Chronisten C. P. Hansen, der das Gebäude 1850 kaufte. Es gibt vier Wohnräume aus jener Zeit, schöne Wand und Deckenmalereien im Rokokostil und wertvolle Kacheln. Im August führen Weberinnen ihre Arbeit an Hoch- und Flachwebstühlen, Webrahmen und -brettern vor. Möglichkeiten zum Mitmachen, Webstühle, Spul- und Spinnräder für Kinder.
(D/E 8) Keitum, Am Kliff 13
Tel. 311 01, Fax 328 84
Apr.-Okt. Mo-Sa 10-17, So u. feiertags 11-17, Nov.-März Di-Fr 13-16 Uhr. Museums- und Webereifest im August

Feuerwehrmuseum Keitum

Aus dem 1906 erbauten Spritzenhaus rückte einst die Dorfwehr mit der Löschkutsche aus, wenn wieder ein Reetdach brannte. Uniformen, Ausrüstung, Dokumente aus der Geschichte der Feuerwehr.
(D/E 8) Keitum
C.-P.-Hansen-Allee, Tel. 318 42
Apr.-Okt. Do 10.30-13 Uhr sonst nach Vereinbarung

Heimstätte für Heimatlose

Ein 1855 von dem Strandvogt Wulf Hansen Decker angelegter Friedhof für anonyme Tote, die am Westerländer Strand angespült worden sind. Zuvor waren Opfer von Schiffbruch, deren Schicksal meistens unbekannt blieb, einfach in den Dünen verscharrt worden. 53 Heimatlose liegen unter den einfachen Holzkreuzen. Der letzte wurde 1907 hier begraben, es gibt keinen weiteren Platz.
(C 8) Westerland, Käpt'n-Christiansen-/Elisabethstraße

Multimar Wattforum

Zwar nicht auf Sylt, aber ein lohnenswerter Abstecher bei der An- oder Abreise ist dieses moderne und didaktisch hervorragend gestaltete Naturkundezentrum. Hier wird die Faszination für das Wattenmeer geweckt und seine Probleme verständlich. Aquarien, Tiermodelle und ein neu eingeweihtes Walhaus mit einem 17,5 Meter langem Pottwalskelett.
Tönning
Am Robbenberg
Tel. (048 61) 962 00
Fax 96 20 10
www.multimar-wattforum.de
Apr.-Okt. 9-19 Uhr, Nov.-März 10-18 Uhr. Erwachsene 6,50 € Kinder 4,50 €

Sylter Heimatmuseum

Kultur- und Inselgeschichte des 18. bis 20. Jahrhunderts unter dem Reetdach. Beeindruckend sind u. a. prähistorische und frühgeschichtliche Funde aus dem Morsum Kliff, die ursprünglich zur Sammlung C. P. Hansens gehörten, sowie die Buddelschiffsammlung und die von Emma Jessen gefertigte Puppenstube (nur zeitweise). Ausstellungen der Sylter Kunstfreunde sollen das Andenken an für die Insel bedeutende Persönlichkeiten wie den Heimatdichter und Patrioten Uwe Jens Lornsen und den Maler und Fotografen Magnus Weidemann (1880-1967) pflegen. Im Juni Kunstnacht zum Mittsommer
(D/E 8) Keitum, Am Kliff 19a
Tel. 328 05, Fax 328 84
Apr.- Okt. Mo-Sa 10-17 So u. Feiertag 11-17 Nov.-März Do-Sa 13-16 Uhr

KUNSTGALERIEN

Atelier Galerie Sprotte

Der aus Potsdam stammende Künstler Siegward Sprotte arbeitet seit 1945 einen großen Teil des Jahres auf Sylt. Wechselnde Ausstellungen seiner Werke sind in der Ateliergalerie zu sehen, die sich im Erdgeschoss seines Sylter Wohnhauses befindet. Kamingespräche mit Philosophen, Theologen und Künstlern sind seltener geworden, dafür gibt es Atelierkonzerte mit Kammermusik zeitgenössischer Komponisten.
(D 6) Kampen, Alte Dorfstr. 1
Tel. 424 13, Fax 463 59
Mi-Sa 14-18 Uhr, So 11-16 Uhr u. nach Vereinbarung

Hof-Galerie

Zeitgenössische Kunst von Hans Nordmann, Alfred Klosowski und Leopold Reiser. Auch höfische Gemälde des 17. und 18. Jahrhunderts. Im „Kunsthüs", einer Dependance, werden künstlerische Nachlässe anerkannter deutscher Maler des 20. Jahrhunderts präsentiert.
(F 6) Morsum, Serkwai 1
Tel. 89 17 61, Fax 89 10 35

Stadtgalerie Alte Post

Monatlich wechselnde Ausstellungen der Stadt Westerland sowie der Sylter Kunstfreunde. Künstler aus der ganzen Republik, keine bestimmte Richtung, Dokumentationen, bildende Kunst, Workshops.
(C 8) Westerland, Stephanstr. 6
Tel. 85 12 10, Fax 85 12 90
Mo-Fr 10-17 Uhr, Eintritt frei

Kunst in Rantum: Sylt-Quelle

Sylt-Quelle

Ambitioniertes Programm mit Ausstellungen, Lesungen und Theater-Inszenierungen – garantiert jenseits seichter Urlaubsunterhaltung. Stipendien für Schriftsteller und Künstler, u.a. den Sylter Inselschreiber. Bisher dabei u. a. Moritz Rinke und Feridun Zaimoglu (s. auch Seite 49).
(C 10) Rantum, Hafenstr. 1

Tel. 920 33, Fax 920 34
www.kultur-quelle.de
Karten im Bistro der Sylt-Quelle oder an der Abendkasse

LESUNGEN, FÜHRUNGEN UND KABARETT

Kampener Literatursommer

Bunte Mischung aus Freizeitliteratur und Lyrik, synkretistisch wie die ganze Insel: schreibende Friseure, Schauspieler und Politiker sowie hochgelobten Autoren wechseln sich ab.
(D 6) Kampen, Hauptstr. 12
Tel. 469 80, Fax 46 98 40
Karten (15 €) gibt es auch im Buchhaus Voss, Friedrichstr. 27
Westerland, Tel. 98 68 21
Juli und August im Kaamp-Hüs

Diseusen, Chansonieren und Komödianten. Einzigartige Atmosphäre, die nach der Show zum Verweilen an der Bar verlockt.
(D 8) Westerland
Flughafen (neben dem Tower)
Karten: Tourismusservice Westerland, bei allen Kurverwaltungen oder unter Tel. 47 11
info@fliegende-bauten.de
www.fliegende-bauten.de
Juli-Sept. Kostenloser Shuttle-Bus von Wenningstedt und Westerland

Ortsführungen

Für alle, die tiefer einsteigen möchten in die Friesenkultur, die Geschichte versunkener Dörfer oder in das Leben und Wirken prominenter Künstler, die einst auf der Insel logierten. In der Saison wöchentlich

Jeden Sommer kommen die Großen der Kleinkunst auf die Insel

Kabarett Manfred Degen

Inselkabarettist mit schrillen Klamauk-Lesungen. Der Sylt-Satiriker zerrt jede Entgleisung von Einheimischen und Gästen an die Öffentlichkeit und bringt regelmäßig den Saal zum Toben. Von Mai bis Oktober einmal pro Woche abwechselnd in Wenningstedt und Westerland. Die Vorstellungen im Alten Kursaal in Wenningstedt sind Kult.
Karten: Infoshop, Friedrichstr. 44
Tel. 99 83 40
und Service-Shop Sylter Welle
Tel. 99 83 51, Fax 998 60 00
www.manfred-degen.de

Meerkabarett

Westerlands Kleinkunstfestival auf Großstadtniveau im blauen Viermastzelt. Von Gerhard Polt über Max Raabe bis Queen Bee. Kabarettisten,

durch Keitum, Rantum, Kampen (s. auch S. 52).
(C 8) Westerland, Sylter Verkehrsbetriebe (SVG), Infopavillon am Bahnhofsvorplatz
Tel. 83 61 00, Fax 836 10 17
Private Führungen mit Freunden, Verwandten oder Geschäftspartnern unter Tel. 355 74

MUSIK

Arien am Meer

Zuschauermagnet in der Musikmuschel auf der Westerländer Kurpromenade bei italienischem Ambiente und Speisen. Süffige Opernmelodien aus Carmen, Rigoletto oder Aida, vorgetragen von renommierten Künstlern.
(C 8) Westerland, Strandpromenade (zwischen Strand- und Friedrichstraße)
Infos: Tourismus-Service
Strandstr. 35, Tel. 99 80
Fax 998 60 00
1 Tag im August, Eintritt frei

Boogie-Woogie-Fest / New Orleans Musicfestival

Die Insel fest in der Hand von Jazzbands der Spitzenklasse – tausende von begeisterten Zuhörern schunkeln dazu auf den Straßen. Oldtime-Jazz, Piano-Blues und Boogie-Woogie live.
(C 8) Westerland (Alter Kursaal und zwischen Bahnhofsvorplatz und Strandpromenade)
Wenningstedt und Rantum (Sylt-Quelle)
Am Himmelfahrtswochenende im Mai, Eintritt frei. Infos beim Tourismus-Service Westerland

BRAUCHTUM

Biikebrennen

Ursprünglich ein heidnisches Ritual zum Vertreiben der Wintergeister im Frühjahr, heute ein romantisches Volksfest mit Fackelumzug und deftigem Grünkohlessen, das sich zunehmend zum Tourismusmagneten gegen Winterende entwickelt. Jedes Jahr am 21. Februar werden bei Einbruch der Dämmerung große Scheiterhaufen, die Biiken, entzündet (s. S. 90).
(C 8) Tinnum, ab 17.30 Uhr Fackelmarsch von der Ortsverwaltung zum Biikeplatz an der Tinnumburg.
(D 6) Wenningstedt-Braderup und Kampen, ab 18 Uhr Fackel-Sternmarsch zum Biikeplatz in der Nähe der Norddörfer Halle.
(F 3) List, ab 18.30 Uhr Fackelausgabe am Feuerwehrhaus.
Auskunft zu Treffpunkten und Biikeplätzen der anderen Orte geben die Ortsverwaltungen

Ringreiten

An den Galgen, die im Sommer auf Sylt errichtet werden, baumelt kein Delinquent, sondern ein winziger Messingring: Trophäe des Lanzenreiters in diesem Turnierspiel bäuerlicher Prägung. Um die Trefferquote zu erhöhen, ist gern auch mal ein „Satteltrunk" gestattet. Acht Vereine – fünf Männerclubs und drei Amazonenriegen – pflegen die norddeutsche und dänische Tradition. Jeden Sommer neun Turniere, gekrönt vom „Amtsringreiten".
Pfingsten bis August. Informationen über die Termine bei allen Kurverwaltungen

MERIAN | TIPP

Keitumer Skulpturtage

Im Künstlerdorf Keitum fielen Ende der neunziger Jahre die Ulmen wie auch anderswo einer durch den Splintkäfer übertragenen Infektion zum Opfer. Aus der ökologischen Katastrophe sprossen zwei fruchtbare Triebe: die überaus erfolgreiche Spendenaktion „Schenkt Keitum einen Baum" und die nicht minder populären Keitumer Skulpturtage, eine Art Workshop für Künstler. Alle zwei Jahre im September fertigen etwa 15 Bildhauer aus den toten Ulmenstämmen, zum Teil in Verbindung mit Materialien wie Glas und Granit, vor den Augen des Publikums Holzkunstwerke. Nach zehn Tagen versteigert der wortgewaltige Keitumer Pastor Giesen die erstaunlichen Gebilde – mit Einnahmen um die 100 000 Euro. Im Vordergrund stehen die Freude am Machen und Gespräche zwischen Künstlern und Interessierten. Sollte das Holz einmal ausgehen, wird man sich auf andere Materialien verständigen, versprechen die Veranstalter. Außerdem können Interessierte während der Zeit Ausstellungen der beteiligten Künstler in verschiedenen Galerien besuchen.
Infos beim Touristbüro Keitum
www.keitumer-skulpturtage.de

MERIAN | TIPP

Rätzke's Restaurant
Die Straße ist etwas abgelegen, das Haus von außen wenig spektakulär. Innen verbirgt sich ein unprätentiöses Abendrestaurant, für das vor allem Insulaner äußerst dankbar sind. Von der jungen Inhaberin Silke Rätzke schlicht und aristokratisch zugleich eingerichtet und stimmungsvoll durch Kronleuchter illuminiert. Ehemann Michael bereitet mediterran angehauchte Gerichte wie Dorade mit Ratatouille oder Feldsalat mit Muscheln, immer mit vielen frischen Kräutern. Gutes Preis-Leistungs-Verhältnis. Leider keine Außenplätze. Unbedingt reservieren.
(C 8) Westerland, Gaadt 7
Tel. 2 31 11, Fax 83 48 20
Geöffnet 17-23 Uhr, im Winter Mi geschlossen €€

Bam-Bus-Klaus
Die Lister Zivilisation. Bunt gestrichen und im Palmenlook gilt die B(ar) AM BUS, der von Klaus Gdanietz umgebaute Ziegelschuppen der Haltestelle am Lister Weststrand, heute als Treff für Surfer und hippes Jungvolk, und hier sind durchaus auch mal die Insulaner gemeint. Toller Wirt, freundliche Stimmung, kleine Nahrungseinheiten vom Käsekuchen bis zum Eintopf. Drinks, Drinks und gute Atmosphäre, Klaus sei Dank. Zur Sonnenwende und im Sommer bei Vollmond schwingen Hunderte zu Techno und Trance in den Dünen. Nicht einmal die Rekrutenköche der benachbarten Bundeswehrversorgungsschule lassen das aus.
(E 2) List, Bushaltestelle Weststrand
Tel. 87 13 60
Ende März-Nov., ganztägig

RESTAURANTS | WESTERLAND

Alte Friesenstube
Regionale Gerichte in einem historisch passenden Interieur. Schwerblütige Spezialitäten wie Sylter Ziegenkäse, hausgemachte Rinderroulade oder Backente mit Rotkohl.
(C 8) Gaadt 4
Tel. 12 28, Fax 83 44 10
11.30-14 Uhr und 18-22.30 Uhr, Montag geschlossen €€

Dixi's
Etwas versteckt im Herzen der Friedrichstraße. Ehrliches Restaurant zum Sattwerden ohne sich über die Rechnung zu ärgern – bei gleichzeitig guter Qualität. Vor allem Steak, Fisch, Pasta. Mittagstisch.
(C 8) Friedrichstr. 25
Tel. 222 60
tgl. 11-15 Uhr, 17-23 Uhr €

Hardy auf Sylt
Auffällig ist es – das runde Reetdachhaus an der Straße von Westerland nach Wenningstedt. Quirlig geht es drinnen zwischen erlesenen Gründerzeitmöbeln zu. Ambitionierte gutbürgerliche Küche. Hardy-Klassiker: Pfefferfiletsteak.
(C 7) Norderstr. 65
Tel. 227 75, Fax 295 20
www.hardyaufsylt.de
ab 18 Uhr, Mo Ruhetag, 10. Nov.-20.Dez. und Anf. Jan.-Mitte Feb. geschlossen €€

Kiek in M
Einer der schönsten und ältesten Friesengasthöfe in Schleswig-Holstein. Kulinarische Kreationen mit Esprit, etwa Entenbrust auf Walnusssauce mit grünem Spargel und Schupfnudeln oder Krustentierravioli. Mittags gutbürgerlich und günstiger.
(C 7/8) Johann-Möller-Str. 2a
Tel. 52 32, Fax 220 15, www.kiekin-sylt.de, post@kiekin-sylt.de
März-Dez., 12-14 Uhr, abends ab 18 Uhr, außer Juli/August Di geschlossen €€

Mariso
Angenehmes, helles Lokal. Mittelmeerrezepte, asiatische Gerichte. Einzige Sushi-Adresse auf Sylt. Der Koch kommt aus dem Stadt-Hamburg-Bistro.
(C 8) Paulstraße 10
Tel. 29 97 11, Fax 29 97 13
12-24 Uhr, So ab 10.30 Uhr ausgedehntes Frühstück €€

Küchenstolz im Friesenkleid: das Westerländer „Kiek in"

Siam M
Nach 15 Jahren Anpassung an die Insel eröffnete die Thailänderin Pikul Ratzlaff ihr eigenes Restaurant. Frisch zubereitete Thai-Currys und andere südostasiatische Spezialitäten. Günstiger Mittagstisch (ca. 6 €).
(C 8) Friedrichstr. 5
Tel. 99 52 04
www.locality.de/sylt-siam
Mo-Fr 11.30-15, 17-23 Uhr €

RESTAURANTS | WENNINGSTEDT

Die kleine Welt
Ambitioniert verschnittene Genüsse aus der großen Welt. Geographisch inspirierte Speisekarten: „Amerika-Karibik", „Afrika", „Asien und Europa begegnen sich". Ehrgeiziges Küchenteam, das teils aus der Schule von Jörg Müller stammt. Schön und unprätentiös eingerichtet. Große Gartenterrasse, Bier- und Weinbar.
(C 6/7) Hauptstr. 23, Tel. 435 49
Mi-So ab 17.30 Uhr, Küche bis 22 Uhr €€

Meeresblick
Weiße Villa an der Kurpromenade, außen große Terrasse, innen schmuck im neudeutschen Edel-Stilmix mit Korbmöbeln eingerichtet. Mittags gutbürgerliche Klassiker wie Labskaus, nachmittags auch selbst gebackener Früchtekuchen vom Blech, abends erweiterte Karte, etwa Sylter Pannfisch. Viele Touristen.
(C 6/7) Strandstr. 22
Tel. 444 22, Fax 94 31 51
Öffnungszeiten: 9-22 Uhr Küche ab 11 Uhr €€

Wenningstedter Krug
Bürgerliches Haus im beruhigenden Nostalgiestil: getäfelte Holzwände mit maritimen Motiven, blütenweiße Tischdecken. Der gebürtige Sylter Jörg Fichtner setzt auch bei den Speisen auf Opulenz: Keitumer Leber mit Kräuterjus und Zucchiniragout, Sylter Meeräsche auf Ananaskraut und Specksauce.
(C 6/7) Hauptstr. 1, Tel. 94 65 30
9-22.30 Uhr, Mi geschl. €€

RESTAURANTS | KAMPEN

Tappe's
Das neu gestaltete ehemalige Piccolo im Hotel Walter's Hof (s. S. 135) will sich in die Reihe der exquisiten Speisehallen einreihen. Extravagantes Ambiente, kreative Küche. Blick auf Westküste und Watt.
(D 6) Kurhausstr. 23
Tel. 989 60, Fax 455 90
Frühstück 8-12.30 Uhr, Bistrokarte 12-18 Uhr, Abendkarte bis Mitternacht €€

Vogelkoje M
Idyllische Gartenterrasse, einer der schönsten Frühstücksplätze der Insel. Schickes Mobiliar, anspruchsvolle Speisekarte, die am neuen Sylter Gourmetboom orientiert ist. Abends mediterrane Stimmung. Dazu aus der Küche von Gerhard Diem die vielleicht beste Ente der Insel.
(D 5) Lister Str.
Tel. 952 50, Fax 95 25 95
Ab 9.30 Uhr €€

RESTAURANTS | LIST

Voigt's Alte Backstube
Sechzig verschiedene Pfannkuchenvariationen im Reetdachhaus mit der schönen Gartenterrasse, 40 offene Tees, gute Salate.
(F 3) Süderhörn
87 05 12, Fax 95 80 93
12-21 Uhr, außerhalb der Saison Mi geschlossen €€

RESTAURANTS | SYLT-OST

Restaurant Karsten Wulff
Spitzenkoch Wulff kauft nur ganze Fische und filetiert selbst, immer frisch, niemals Tiefkühlware. Daher gibt es keine Dorade und keinen Zander. Dafür aber Lengfisch und Knurrhahn. Raffinierte Kombinationen: Matjestartar, Sülze vom Rochenflügel. Für viele das beste Fischrestaurant der Insel.
(D/E 8) Keitum
Museumsweg 4
Tel. 303 00, Fax 357 38
Küche ab 12 Uhr
Mo geschlossen €€

Moby Dick
Gekonnte Verbindung regionaler Küche mit badischen Gerichten: Meeresfrüchte-Maultaschen, Deichlamm mit Bohnencassoulet. In einem reetgedeckten Anwesen über der Bucht von Munkmarsch. Gastgeberin Verena Fitschen ist die Schwester von Küchenautorität Jörg Müller, das verpflichtet.
(D 7) Munkmarsch
Munkhoog 14
Tel. 321 20, Fax 303 10
www.moby-dick-sylt.de
ab 18 Uhr, im Juli ab 15 Uhr Mi geschlossen €€€

Janke's Gaststube M M
Unscheinbares Lokal am Rande der Wiesen von Tinnum. Klein, preiswert und seit über 20 Jahren gleichbleibend gut. Deutsche und regionale Küche, etwa riesengroße Scholle mit Krabben und Speck. Jeden Mittwoch verlassen 150 Kilogramm Muscheln die Küche Richtung Gaststube. Ostern hervorragendes Lamm. 30 Terrassenplätze.
(C 8) Tinnum
Ziegeleiweg/am Campingplatz
Tel. 37 20, Fax 334 60
17-24 Uhr, im Sommer auch 11-14 Uhr. Di geschlossen €

Frühstück im Inselwäldchen: die sehr angesagte „Vogelkoje"

RESTAURANTS | RANTUM

Bistro Sylt-Quelle M M
Solide Küche in einer postmodernen sechzehneckigen Rotunde mit schickem Hof mitten in der Rantumer Einsamkeit. Angebot von Fitness-Frühstück bis Schweinefilet. Für 1,50 € gibt es Quellwasser (3 Varianten) satt. Dass der Kuchen hier besonders gut ist, spricht sich gerade erst herum. Kunstgalerie im Obergeschoss (s. S. 114).
(C 10) Hafenstr. 1
Tel. 20 15 57, Fax 88 64 07
April-Sept. 10-21 Uhr, Okt.-März 10-18 Uhr, Sa geschlossen €

Hus in Lee
Viel gerühmter Apfel- und Kirschkuchen, hausgemachte Waffeln. Recht rustikal, eine gute Raststätte für Strandwanderer.
(C 10) Hörnumer Straße 26
Tel. 215 89, Fax 293 34
www.hus-in-lee.de *12-23 Uhr, im Winter Di geschlossen* €€

Sansibar
Das schlichte Holzhaus in den Dünen ist erste Promi-Adresse im Sylter Süden. Kultstatus, nicht ganz billig. Kaviar und ein gut sortierter Keller mit hunderten von Lagen locken Luder und wichtige Typen. Aber keine Bange: Auch ganz Normale sitzen an den groben Holztischen und freuen sich, dabei zu sein. Im August und September 2003 wird die „MS Europa" ihre Fahrgäste zum Drink direkt am Strand anlanden.
(B 12) Dünenweg vom Parkplatz Sansibar südlich des Ortes
Tel. 96 46 46
www.sansibar-sylt.de
10.30-23 Uhr €€€

Stauder-Stuben
Tiroler Gerichte, riesige Schnitzel, Altbier und Kölsch vom Fass. Qualität zu erschwinglichen Preisen.
(C 10) Hörnumer Str. 3
Tel. 83 53 33, Fax 83 53 36
12-24 Uhr €

MERIAN | TIPP

Sturmhaube on the Beach
Restaurant, Café-Bar und Business Center in einer der exponiertesten Lagen der Insel. Die Atmosphäre im markanten Rundbau unter Reet erinnert ein wenig an Long Island. Ursprünglich Kiosk und Wartehalle der Inselbahn; das 1968 gebaute Haus ist schon das dritte an ähnlicher Stelle. Die anderen mussten dem Meer weichen. Neues Konzept nach den großen Renovierungen 2000 unter der Leitung von Detlef Tappe, Angebot von Sandwiches bis zu Seeteufel, vom Honeymoon-Frühstück im abgeschiedenen Strandkorb bis zum Champagner-Brunch auf der großen Terrasse mitten im Dünengürtel. Im kreisrunden ersten Stock bietet Willy's Cocktailbar durch ihre Panoramascheiben den besten Trinkblick der Insel.
(D 5/6) Kampen, Riperstig 1
Tel. 99 59 40, Fax 995 94 19
www.sturmhaube.de
ab 10 Uhr €€

MERIAN | TIPP

Grünhof-Stuben
Vor allem traditionelle norddeutsche Gerichte zu moderaten Preisen: Bratkartoffeln, Steaks vom Aberdeen-Angus-Rind und Lammsülze. Riesen-Portionen anständig und lecker, wie man es sich nur wünschen kann. Reservierung empfohlen.
(D 8/9) Keitum
Süderstr. 80
Tel. 315 01, Fax 93 61 21 €

Austern

Deutschlands einzige Austernzuchtfarm befindet sich an der Küste vor List und wird betrieben von „Valensina"-Sohn Clemens Dittmeyer. Dort reifen alljährlich rund eine Million Austern heran, die unter der Bezeichnung „Sylter Royal" Gourmets verzücken – entweder pur mit einem Spritzer Zitrone, mit Käse überbacken oder in anderen modernistischen Verpackungen. Doch schon die Steinzeitmenschen müssen ähnliche Gaumenfreuden genossen haben, wie man den „Kjökkenmöddinger", den Küchenabfallhaufen entnehmen kann. „Austernmeier" heißt in List die rustikale Bude, wo Fans die „Sylter Royal" in 20 Variationen genießen können. Außerdem werden hier Meeresfrüchte, Krustentiere, Tapas und regionale Spezialitäten serviert. Überragende Produktqualität. Helle, moderne Atmosphäre mit Blick in die „Austernwerkstatt".
(F 3) List, Hafenstr. 10-12
Tel. 87 75 25, Fax 87 04 30
12-21 Uhr, Nebensaison Mo geschlossen

RESTAURANTS | HÖRNUM

Rostiger Anker M
Gutbürgerlich. Mittwochs Labskaus satt (Rollmops und Rote Beete extra, 11,80 €). Dauerbrenner ist auch die Kapitänsscholle. Die Sonne lässt sich ab Mittag auf der Terrasse blicken. Auch auf ein Bier ist man hier immer willkommen. Erfrischender Service.
(C 14) Blankes Tälchen 8
Tel. 88 10 50, Fax 88 61 31
11-1 Uhr €€

„Kupferkanne": Traditionskaffeegarten auf der Kampener Wattseite

BISTROS

Fisch Matthiesen MMM
Der Gegen-Gosch. Absolutes Muss in Hörnum: Stefan Matthiesen bietet täglich frische Scholle, Makrelen und Krabben direkt aus der Nordsee. Keine Import-Ware aus fernen Meeren, keine Massen(ab)fertigung. Ansprechend eingerichtetes Bistro mit Barhockern. Neu: Kiosk direkt am Hafen.
(B/C 14) Hörnum
Rantumer Str. 8, Tel. 88 17 73
9-21 Uhr, auch über Weihnachten und Silvester. November bis Biike geschlossen €

Blum's Fischmarkt und Bistro
Die Rückfahrt anzutreten, ohne sich bei Blum im Industriegebiet von Tinnum noch einmal richtig einzudecken, ist Sünde. Seit 20 Jahren beliebter Anlaufpunkt nahe der Autoverladung.
(D 8) Tinnum
Mittelweg 7, Tel. 34 01, Fax 334 00, www.fisch-blum.de €

Jürgens Bistro
Jürgen Ratzkos unkonventionelles Restaurant ist seit 25 Jahren eine Institution. Gekocht wird, was Jürgen gerade so einfällt und seine Gäste sich wünschen – bis 24 Uhr. Ideal für Nachtschwärmer: Musik und Stimmung ohne Ende.
(C 8) Westerland
Elisabethstr. 1a, Tel. 234 38
ganzjährig ab 17 Uhr €

CAFÉS

Café Lund M
Zuerst Holzbaracke zur Kommissbrotversorgung der Wehrmacht, dann verlässlich zuckrige Krönung des kargen Südbades, heute Backinstitution im dritten Glied. Restaurant, aufgeräumte Karte mit in der Tat außerordentlichen Riesling-Weinen. Fazit: Hörnum ohne Lund wäre ein Irrtum.
(B/C 14) Hörnum
Rantumer Str. 1-3, Tel. 88 10 34
9-18 Uhr, im Sommer länger €

Café Manne Pahl
Lockerer Treffpunkt für die Kampener Szene. Von der überdachten und beheizten Allwetter-Terrasse hat man das Kommen und Gehen im Dorf unter Kontrolle. Preiswerte Mittagskarte, abends gehoben, aber nicht abgehoben.
(D 6) Kampen
Zur Uwe-Düne 2
Tel. 4 25 10, Fax 444 10
täglich 10-1 Uhr €€

Mondäne Welt im ewigen Sand: Die Terrasse des „Sansibar" geht in die Rantumer Wildnis über

Kupferkanne
Der ehemaliger Flakbunker ist eine Sylter Ur-Institution, Mischung zwischen Kaffeegarten, Minigolf und Frida-Kahlo-Installation. Der viel gerühmte Kuchen war früher besser.
(D 6) Kampen
Stapelhooger Wai
Tel. 410 10, Fax 438 10,
info@kupferkanne-sylt.de
10-18 Uhr €€

Café Kamps's M M M
Für viele das schönste Café der Insel. Sonnendurchflutetes Interieur, hinreißende Sonnenterrasse, hervorragender Kuchen, den die Chefin und Galeristin Conny Kamp selbst backt. Dazu wechselnde Kunstausstellungen auf hohem Niveau. Auch vier ausgesucht eingerichtete Hotelzimmer.
(D/E 8) Keitum
Gurtstig 41, Tel. 983 90
9-18 Uhr €€

Café und Teestuben Ingwersen
Gemütliches Café im beschaulichen Morsum, dort wo Sylt noch richtig friesisch ist. Heute Keimzelle der expandierenden Ingwersen-Kette. 20 Teesorten und diverse Kaffeevarianten.
(F 9) Morsum
Täärpstig, Tel. 823 33
8-18 Uhr €€

Cafe Wien
Westerländer Synkretismus: Typischer kann ein Café auch in Altösterreich nicht sein. Vielleicht kehrte deshalb Angela Merkel jüngst hier ein. Mitten in der City. Außerhausverkauf.
(C 8) Westerland, Strandstr. 13
Tel. 53 35, Fax 295 10
9.30-19 Uhr €€

STRANDBARS

Buhne 16 M M M
Beste Sylter Strandbar. Relaxed, jung, naturnah.
(D 5) Kampen, am Parkplatz Buhne 16, beim Strandübergang rechts, Tel. 49 96
www.buhne16.de
Sommersaison, ab 11 Uhr €

La Grande Plage
Das neue Holzhaus auf Stelzen hat nicht nur eine Strandsauna, sondern auch eine große Veranda, von der aus man direkt auf den Strand blickt.
(D 5) Kampen, Tel. 88 60 78
10-21, Winter bis 18 Uhr €€

Seepferdchen Samoa
Hybrid zwischen Strandbude und ernst gemeintem Feinschmeckerhaus. Tagsüber Krabbenbrot, abends etwa Safran-Fischsüppchen mit Gemüsejulienne. Ambiente etwas knorrig. Großer Spielplatz.
(B/C 11) Rantum, Straße nach Hörnum, Tel. 046 51/55 79
12-22 Uhr €€

Wonnemeyer M
„Austern, Bier und Currywurst" lautet das ABC des Stelzenlokals am FKK-Strand Nord.

Solides Hörnum: „Café Lund"

Schicke Leute, friesisch herb: die Bedienung antwortet auf Wünsche gern mal mit einem bündigen „Nö." Gut, um beim Strandmarsch einen Imbiss einzunehmen. Oder für Geschäftsessen, wenn der Nachwuchs sich nicht wegstellen ließ: Riesiges Kletterschiff für Kinder, die sind dann versorgt.
(C 6) Wenningstedt
Am Strand 1
Tel. 452 99, Fax 431 50
in der Saison 11-22 Uhr €€

Gosch am Kliff
Sehr volkstümliches Lokal mit Traumblick. An den Stehtischen kippt man Absacker und blickt voll in die Abendsonne. Stärkungen aus der Goschkiste, nicht unbedingt aus der Nordsee.
(C 7) Wenningstedt
Strandstr. 27, Tel. 456 88
www.gosch-sylt.de
11-21 Uhr €€

Sunset Beach Bistro M
Hier haben schon Robby Naish, Björn Dunkerbeck und andere Surfstars ihre Bierchen gelenzt. Direkt am Brandenburger Strand, Blick auf den Sand, Blick auf die Wellen. Beste Lage, um den Tag ausrollen zu lassen, auch mit einem kleinen Imbiss.
(C 7/8) Westerland, Brandenburger Str. 15, Tel. 271 72
Sommersaison, ganztägig €

NACHTLEBEN

Schnaps und Autos

Nullpunkt des Mythos Sylt: der Strönwai

Automeile am „Gogärtchen"

Viele halten das „Rote Kliff" ausschließlich für einen Nachtclub und sind erstaunt, dass die schroff abfallende Steilküste am Kampener Weststrand denselben Namen hat. Das sind im Übrigen dieselben Leute, die den Strönwai nicht kennen, allerdings jeden Abend dort einfliegen, um eine Nacht lang von Party zu Party zu taumeln. Für sie ist die Straße, in deren niedlichen Häuschen sich eine Schänke neben der anderen duckt, bloß die „Whiskymeile". Prominenz in Kampen hat Tradition, auch wenn sie vor dem Zweiten Weltkrieg stiller und geistreicher auftrat als die Sekteimeraustrinker des Wirtschaftswunders. Das erste Promilokal war „Haus Kliffende", heute gefährlich nah an der Abbruchkante, wo Thomas Mann im Gästebuch zugab: „An diesem erschütternden Meere habe ich tief gelebt." In den fünfziger Jahren ging es wieder los mit dem tiefen Leben, als Gunter Sachs, Berthold Beitz und Brigitte Bardot hier die idealen Bedingungen fanden, sich textilfrei mit Champagner zu übergießen. (Für Romy Schneider gab es auf Sylt übrigens „zu viele nackte Ärsche".) Zwei Jahrzehnte prasselte der Jetset in die Whiskystraße. Seit den achtziger Jahren ist es ruhiger geworden um die richtig dicken Stars. Geblieben ist ein Cocktail aus Medienadel, Echtadel, Polit- und Wirtschaftspromis. Aber anders als einst will keiner auffallen. Unspektakulär nimmt Springer-Chef Mathias Döpfner an der Bar von Szene-Urgestein Rolf Seiche im „Gogärtchen" einen Drink, unbefangen säbeln Versandhausboss Michael Otto und Familie bei Greta im „Rauchfang" ihr Teriyaki-Steak. Zwischendrin ein Boris Becker, garniert von einem leicht bekleideten Sternchen à la Ariane Sommer. Das Nightlife-Gesetz ist simpel: Nach dem Antrunk im „Rauchfang" schaut der fachkundige Gast zu Rolf Seiche ins „Gogärtchen" und hört sich um, wer sonst noch so auf der Insel ist. Das tun andere auch, und so ist das Kampener Unikum immer bestens informiert. Gegen eins dann schwappt die Meute wellenförmig zu Oskar Schnitzer ins „Pony". Wer seinen Absprung nicht findet, schleppt sich weiter in den Nachtclub „Rotes Kliff". Dann ist der Himmel hell, der Schädel weniger. Die Gemeinde Kampen hat den Spaßpark für Nachtschwärmer übrigens gerade für eine knappe Million Euro sanieren lassen. Fahrbahn und Bürgersteige sind jetzt aus Granit, Blumenkübel sorgen für standesgemäße Dekoration der Nobelkarossen.

„Pony-Bar": seit 40 Jahren beliebt

Insel-Backwerk

Friesenkekse
hießen ursprünglich, also bevor Sylt als Gebrauchsartikel für den Tourismus entdeckt war, „witte Pepernöts“ und waren in der kargen Küche der Insulaner unvermeidlich, weil sie in einem verschlossenen Steinkrug so wenig verdarben wie ein gut getrockneter Stockfisch – sie wirkten noch frisch, wenn der Käpt'n von seiner großen Fahrt unerwartet zurückkehrte. Heute ergeben Weizenmehl, Backpulver, Zucker, Rum, Vanillin und Butter die Sylter Trockenspezialität, die bei Badegästen und Insel-Fans ungebrochen hoch im Kurs steht, seit ein Thüringer Konditor sein 1896 in der Westerländer Strandstraße frisch eröffnetes Café mit dem Armenbackwerk aufwertete. Für Produktion und Versand in alle Welt musste er eigens Konditorinnen und Packerinnen einstellen. Wer noch immer nicht probiert hat, kauft die Friesenkekse in der Konditorei Ingwersen (s. S. 119). Gutes Mitbringsel, hält lange.

Friesentorte
ist ein schweres Geschütz für die ganz kalten Tage: eine mit Pflaumenmus prall ausgestopfte, mehrschichtige Blätterteigmembran, die als Shuttle für eine Wanderdüne aus Sahne in den weit aufgesperrten Mund geschoben wird. Ebenfalls bei Ingwersen.

Kliffkante
heißt eine neuere Insellegende, die sich auch rasant verkauft, deren Benennung aber eine vergleichsweise untypische Geschiebemischung verbirgt, die anderswo etwa als „Norderstedter“ gehandelt wird oder als „Sovital“ oder als „Powelaibl“ oder als „Trimmschrippe“: ein zahnfeindliches Vielkornknackwerk mit Sonntags-Family-Frühstücks-Appeal.

„Gogärtchen“ innen: gute Stube für Deutschlands große Namen

NIGHTLIFE | WESTERLAND

American Bistro
Erste Anlaufstelle für das Nachtleben der Jüngeren. Oben mexikanische Küche und Kneipenatmosphäre, unten Disco. Party zum Surf Welt Cup.
(C 8) Paulstr. 3, Tel. 92 70 50
ab 18 Uhr, im Winter Di geschlossen

Cheers
Wirt Frido kennt seine Gäste seit Jahren. Getränke-Bestellungen werden noch auf Bierdeckeln festgehalten. Preise für Trinkfreudige, gute Auswahl.
(C 8) Andreas-Nielsen-Str. 8
Tel. 83 44 66
ab 20 Uhr

Cohibar
Hier trifft sich die Sylter Szene. Musik von Rumba bis Techno, Cocktails, Champagner und Chicken Wings.
(C 8) Bötticherstr. 10
Tel. 226 73, Fax 46 71 78
www.cohibar.de
ab 18 Uhr, im Winter Mi geschlossen, im Sommer Terrasse

Kleist Casino M M
Oder KC. Zentrum von Westerlands legendärer Gay-Szene. Lockere Atmosphäre, schwules Publikum.
(C 8) Elisabethstr. 1a
Tel. 242 28
ab 22 Uhr

Rock Island
Patron Torsten und DJ Green T sorgen für den guten Musik-Mix und fantasievolle Motto-Partys. Gemischtes Alter.
(C 8) Strandstr. 3-5
Tel. 92 97 30
ab 21 Uhr

NIGHTLIFE | KAMPEN

Gogärtchen
Seit 30 Jahren Hotspot der Society. Klassische neue und euroasiatische Küche, Kuchen. Lena und Rolf Seiche begrüßen jeden Gast mit offenen Armen und umsorgen ihn hingebungsvoll. Lockere Atmosphäre, Getränkeauswahl unfassbar.
(D 6) Strönwai
Tel. 412 42, Fax 411 72
gogarten@kampen.de
Biike - Ende Okt., auch an Weihnachten und Silvester geöffnet, 14-23 Uhr

Greta's Rauchfang
Turbulenter Treff, lebt durch Wirtin Greta Arjes, lässige Lady der Kampener Gastronomie. Hervorragendes Restaurant, tgl. wechselnder Mittagstisch.
(D 6) Strönwai 5
Tel. 426 72, Fax 426 28
www.gretas-rauchfang.de
Durchgehend ab 12 Uhr warme Küche

Pony
Institution für Party People aus der ganzen Republik seit 40 Jahren. Imbissbude im Garten.
(D 6) Strönwai 6, Tel. 421 82
infos@pony.kampen.de
www.pony.kampen.de
Öffnungszeiten: 22-4 Uhr
Außenbar ab 19 Uhr

Rotes Kliff M
1980 als kleine Pianobar gegründet, heute *der* Nachtclub, obwohl nicht in jeder Hinsicht urban. Die Sylter Mischung: alle Altersgruppen fallen sich in die Arme. Musik: Vocal House, Charts, Rhythm 'n' Blues.
(D 6) Braderuper Weg 3
Tel. 434 00, Fax 94 41 10
club-rotes-kliff@t-online.de
www.club-rotes-kliff.de
Sommer: tgl. ab 23 Uhr, Sept. Mi bis So, Okt., Nov., Dez. Fr u. Sa, 24.12. bis 4.1 tgl.

NIGHTLIFE | KEITUM

Salon 1900
Party-Stimmung unter Reet. Verwunschener Biergarten.
(D 8/9) Süderstr. 40
Tel. 93 60 00, Fax 93 60 05
www.salon1900.de
12.30 - 23 Uhr Küche. Party bis 2 Uhr oder länger. 17-18 Uhr Happy Hour. Mitte Jan. bis Mitte Feb. geschl.

NIGHTLIFE | RANTUM

Bar im Schaper's
Entspannte Atmosphäre auf der Terrasse, Blick aufs Watt.
Im Hotel Watthof
(C 10) Alte Dorfstr. 40
Tel. 802 20, Fax 802 22
ab 14 Uhr, Di geschl.

Imperium aller Sieben Meere: Goschs Fischkette, hier in List

REIFEPRÜFUNG
LINIE AQUAVIT
LINIE fra Norge
LINIE
AQUAVIT
Am Anfang ist er nur ein ausgezeichneter Aquavit, am Ende nennen wir ihn LINIE. Über vier Monate lang reist der norwegische Premium Aquavit in alten Sherry-Fässern rund um den Globus. Zweimal überquert er dabei den Äquator – die Linie, wie die Norweger sagen. Damit vollendet die Weltreise seinen berühmten einzigartigen Geschmack und verleiht ihm die charakteristische goldgelbe Farbe.
LINIE. Premium Aquavit mit Äquatorreife
www.linie.de

MERIAN | TIPP

Durch die Brandung im Galopp
Sylt ist von 66 km Kilometer Reitwegen durchzogen. Über 500 Pferde grasen vor allem im stillen Ostteil der Insel. Zum Ausritt beliebt sind die Braderuper Heide, das Watt und bei Rantum auch der Weststrand. Öffentliche Straßen und Wege können meistens von Reitern genutzt werden. Wer seine eigenes Pferd mitbringen möchte, sollte sich rechtzeitig um Reiterplaketten und Pferdekopfnummern kümmern:
Amt Landschaft Sylt,
(D/E 8) Keitum, C.-P.-Hansen-Allee 9, Tel. 934 00

Reitschule Wiesengrund
Mischlinge, Warmblüter Stockmaß 1,40 bis 1,80 m, z.T. etwas erschöpft. Einzige Schule mit Ausritten an den Weststrand.
(C 8) Tinnum, Boy-Peter-Eben-Weg, Tel. 225 27
Ausritte in der Hochsaison Mo-Sa 9.30-16 Uhr, 2 Std. 27 €

Reitschule Grünhof
Pferde- und Gallowayzucht. Reithalle und Springplatz, Boxen für Gastpferde, Weideland am Haus
(E 9) Keitum, Süderstr. 80
Tel. 312 08, www.sylt-keitum.de/gruenhof.htm
Unterrrichtsstunde 16 €
Ausritt ab 18 €

Reitstall Hoffmann
20 Holsteiner, Kutschfahrten für bis zu sechs Personen. Ritte ins Watt sowie in die Braderuper und Kampener Heide
(D/E 8) Keitum, Gurtstig 46
Tel. 315 63, Fax 358 73, *Std. 15€*

Surfen XXL: Am Strand von Hörnum werden Katamarane für die Regatta klar gemacht

SCHWIMMEN

Meerwasser-Freibad-Keitum
Die „kleine Nordsee" ist 26 Grad warm und liegt an der Keitumer Wattenmeerbucht. Restaurant mit schönen Außenplätzen, auch in Strandkörben. Leckerer Butterkuchen.
(E 8) Keitum
Am Tipkenhoog
Tel. 314 93
15. Mai-15. Okt. 8.30-18 Uhr, So nur Hochsaison. Eintritt 5 €

Sylter Welle
Westerländer Badelandschaft mit Wellenbecken, Warmbad (33 Grad), 25 mal 10 Meter großem Außenbecken (25 Grad) mit Blick auf die freie Nordsee. Diverse Saunen (Finnische, Dampf-, Aroma- und Dünensauna, Sauna-Grotte im Untergeschoss). Kristall-Sanarium mit Farblicht-, Kristall- und Aroma-Therapie.
(C 8) Westerland
Strandstraße
Tel. 99 82 00, Fax 998 60 00
So-Mo 10-21, Di-Sa 10-22 Uhr, Eintritt 8,70 €, mit Sauna 14 €

Syltness Center
Direkt neben der Sylter Welle. Umfassende Wellnessprogramme wie Arabische Rasul-Schlammbehandlung, Cleopatra-Ganzkörperpackung im warmen Wasserbett, außerdem Beautybehandlungen sowie Thalassotherapie.
(C 8) Westerland, Dr. Nicolas-Straße 3, Tel. 01 80/500 99 80 Fax 998 60 00

Weststrand
s. im Hauptteil S. 34

WANDERN

Ellenbogen/Listland
Das seit 1923 unter Schutz stehende Privatland einer Erbengemeinschaft blieb mit seinen bis zu 35 Meter hohen Wanderdünen ein Refugium karger Ursprünglichkeit. Der lang gestreckte Nehrungshaken Ellenbogen ganz im Norden lässt sich zu Fuß umwandern: hin am Wattstrand des Königshafens mit Blick auf die Vogelinsel Üthörn, zurück am Weststrand. **Ausgangspunkt: Parkplatz auf halber Höhe der Ellenbogenstraße**

Elementar: die Sylter Welle

Rantumbecken
Größtes und artenreichstes Seevogelschutzgebiet Deutschlands. Über 60 Vogelarten brüten hier. Auf dem Damm, der das Becken eingrenzt, lässt sich das Watt trockenen Fußes umlaufen.
(C 9) Rantum, Informationszentrum Verein Jordsand Eidum-Vogelkoje, Tel. 58 12

Heidewanderung
50 Prozent der Heideflächen Schleswig-Holsteins liegen auf Sylt. Naturkundliche Führungen zum weißen Kliff und zu den Salzwiesen. Schön zur Heideblüte im Spätsommer.
(D 6/7) Braderup, M.T.-Buchholz-Stieg 1, Tel. 444 21
Treffpunkt: südlicher Ostausgang von Braderup Richtung Keitum, Naturzentrum

Morsum-Kliff
Die 1800 Meter lange und bis zu 21 Meter hohe Abbruchkante der Steilküste präsentiert einen Querschnitt durch 10 Millionen Jahre Erdgeschichte.
(G 9) Durch Morsum, den Schildern Richtung Kliff bis Parkplatz Munkhoog folgen und restliche Strecke gehen.

Mittsommernachtwandern
Am 20. Juni steht die Sonne auf der nördlichsten Insel Deutschlands 17 Stunden über

dem Horizont. Die kürzeste Nacht wird mit einem Fackelzug am Strand von Hörnum gefeiert. Anschließend Umtrunk im Hafen.
(B 14) Hörnum, **Strandweg 2**
Tel. 962 60, Fax 96 26 66
Treffpunkt: 22.30 Uhr vor der Kurverwaltung

Wattwandern
s. im Hauptteil S. 64

AUF ZWEI RÄDERN

Bei gutem Wetter ist das Fahrrad ideales Verkehrsmittel auf der Insel. In Nord-Süd-Richtung lässt sie sich am schönsten auf der alten Trasse der in den Siebzigern stillgelegten Inselbahn durchqueren. Wer nicht mehr kann, darf sein Rad in einen Fahrradträger der Linienbusse hängen und sich zurückfahren lassen (Busse verkehren im Sommer tagsüber alle 20 Minuten).
Tipp: Kompass-Wanderkarte 701 (mit Radtouren, Ortsplänen), 6,95 €

Fahrradverleih M&M
Neun Filialen auf der Insel. Vom 3-Gang-Hollandrad über den 7-Gang-City-Cruiser bis zum voll gefederten Montainbike aus Aluminium.
(D 8) Tinnum, **Dirksstraße 65**
Tel. 35777, Fax 359 33
Preise ab 5,50 € pro Tag

ANGELN

Vom Sylter Weststrand aus lassen sich Plattfische angeln, in den Sommermonaten auch Makrelen und Hornhechte (Angelschein erforderlich). Während der Saison Fangfahrten mit dem Fischkutter vom Lister Hafen aus.

Katrevel
Kleiner Binnensee im Osten, entstanden durch Eindeichung 1937. Besatz mit Hecht, Zander, Barsch, Aal, Karpfen, Schleien sowie verschiedenen Weißfischarten. (E 10)

Siel
Gezeitenabhängiger Kanal im Mittelteil der Insel, bis zu anderthalb Meter tief, nur wenige Meter breit. Viele schöne einsame Angelstellen.
Erlaubnisschein zum Angeln in den Binnengewässern: Kurverwaltungen Tinnum (C/D 8) und Morsum (F 9), SPAR-Markt Johannsen in Tinnum (C 8), Kampende 11, Tel. 34 24, im Angler-Shop in Hörnum, Rantumer Straße 25 (B/C 14)
Tel. 88 10 48, Kaufhaus H.B. Jensen in Westerland (C 8)

Hier schaukelte einst der Dünenexpress: Sylter Fahrrad-Highway

SEGELN

Sylter Catamaran Club Hörnum e.V.
Rennen auf den schnellen Doppelrumpfbooten sind im Kommen. Zu Pfingsten bestreiten sie die *Super Sail Sylt*.
(C 14) Hörnum, **Hafenstraße**
Tel. 228 43, Fax 287 26
VDWS Katamaranschein ca. 230 € (4 Tage à 4 Std.) Mai-Sept. 10-18 Uhr

STRANDSAUNEN

Strandsauna Hörnum
Für Insulaner die ursprünglichste. Idyllisch in einem Dünental am FKK-Strand, am Ende der Straße Süderende.
(B 14) Hörnum, **Tel. 88 03 00**

ABENTEUERSPORT

Lenkdrachen im Königshafen

Sylter Kite-Surfer segeln in den Himmel

Das jüngste Extrem auf dem Wasser heißt Kite-Surfen: Die Wassersportler erreichen hinter ihrem Lenkdrachen auf speziellen Kiteboards schon ab zwei Windstärken Geschwindigkeiten bis zu 70 Stundenkilometern, ab sieben Beaufort trauen sich selbst die Cracks nicht mehr aufs Wasser. Umweltschützer beklagen indes, dass die donnernden und flatternden Neonhäute die Rückzugsgebiete seltener Vögel stören, etwa im einst stillen Lister Königshafen. Unterricht ist erforderlich, weil schon mancher Unerfahrene in die Luft gerissen wurde; eine Hilfsperson beim Start ist dringend zu empfehlen.

Krasser Kick: Kite-Surfen

Surfschule Westerland GmbH Anfänger üben am Oststrand, Fortgeschrittene am legendären Brandenburger Strand. (C 7/8) Westerland, **Brandenburger Str. 15, Tel. 271 72, Fax 352 66,** *Schnupperkurse Surfen 3 Std. 45 €, Kiten 80 €, Anfängerkurse Surfen 10 Std. 145 €, Kiten 230 €, Einzelunterr. Wellenreiten Std. 25 €, Mai-Okt. 10 Uhr bis Dunkelheit*
Surf Schule Camp One Brandungskurse, Vermietung von Boogie-Boards, Skim-Boards, Wave Ski und Anzügen.
(C 6/7) Wenningstedt, **am Trampolinplatz, Abgang Risgap Tel. 433 75, mobil 0172/239 26 43, www.surfschule-wenningstedt.de** *Einsteiger- und Fortgeschrittenenkurse Wellenreiten, (10 Std. 150 €) Kiten (4-Liner Kites, 6 Std. 230 €)*
Syltsportiv Calle Schmidt Boots- und Brettverleih. Ideal zum Lernen, da an der ruhigen Ostseite. **(D 7)** Munkmarsch, **Heefwai 4, Tel. 93 50 22 Fax 93 50 78** *Kurse jeweils 10 Std. 195 €, Probierkurse, Kinderkurse ab 8 Jahre, Segelgrundschein Jolle, 12 Std., Cat 10 Std. 250 € Sportbootführerschein Binnen und See 390-450 €.*
Windsurflehrer Ralf Meyer Ist mit seinem mobilen Surf-Test-Center dort, wo der Wind ist. Neuestes Material. Über **Paradise Costums, (F 3)** List, **Tonnenhalle am Hafen Tel. 87 17 01, mobil 0171/345 62 11** *Anfängerkurs ca. 100 €, 2 Std. in Gruppen bis 4 Pers. 30 €.*

MERIAN | TIPP

Syltlauf

Laufspektakel auf einer 33,33 km langen Rennstrecke von Hörnum nach List. Langsam anlaufen – keinen falschen Ehrgeiz – heißt es seit über 20 Jahren im März zum Inselmarathon mit etwa 1300 Teilnehmern. Eine Startnummer ist allerdings nur sehr schwer zu bekommen. Am Tag zuvor legendäre, familiäre Nudelparty (ab 16.30 Uhr im Großen Saal der Friedrichstraße 44 in Westerland).
Infos: TSV Tinnum 66
Neues Sportzentrum Sylt-Ost
(C 8) Tinnum, Tel. 325 66
(Di 17-19 Uhr, Fr 10-12 Uhr)
www.syltlauf.de
Startschuss: 10 Uhr Hörnum. List muss um 14 Uhr erreicht sein. Einzelläufer 30 €, Staffel 130 €, Anmeldeschluss im Spätsommer des Vorjahres.

Schiffsausflüge

Kreuzfahrt nach Sansibar

Vor den Zeiten des DB-Sylt Shuttles ging das Bäderschiff von Hamburg direkt nach Hörnum. Heute fahren Dampfer immerhin noch zu den Seehundsbänken, nach Amrum, oder – sehr eindrucksvoll! – auf die Halligen. Wer es größer mag, wird bei Hapag-Lloyd fündig: die nehmen zwar die Hamburg-Route nicht wieder auf, lassen aber im Sommer die MS „Europa" direkt vor der Sansibar ankern: Cocktail-Shuttle per Landungsboot.
Insel-und Halligreederei
(C 8) Westerland, Boysenstr. 13
Tel. 987 00 Fax 263 00
info-sylt@adler-schiffe.de
www.adler-schiffe.de

Apr.-Okt. sowie Weihnachten/ Silvester 11-19 Uhr

La Grande Plage – Sauna

Hell, modern, Massageraum.
(D 5) Kampen, Strandübergang Sturmhaube, dann ca. 100 Meter rechts, Tel. 88 60 79
www.grande-plage.de
Apr.-Okt. 10-21 Uhr, Weihnachten/Silvester 12-18 Uhr, Tageskarte 14 €, Massage 20-55 €

GOLF

Golfclub Sylt e.V.

18-Loch-Platz für Könner, 6- Loch-Kurzplatz zum Üben, 58 gut platzierte Bunker, Driving Range, Übungs-Grün.
(D 6) Wenningstedt, Golfplatz
Tel. 453 11, Fax 456 92
www.golfclubsylt.de
Greenfee 55 €

Marine-Golf-Club Sylt e.V.

In den Fünfzigern von der Royal Air Force angelegt. Hohe Roughs, schmale Fairways. 9-Loch-Platz, weniger snobby.
(D 7) Am Flughafen
Tel. 92 71 53, Fax 92 71 55
www.sylt-golf.de
Greenfee 18 Löcher 38 €

Calle's Golf-Uni

Im Urlaub spielend Schwung- und Regelgrundlagen erlernen.
(D 7) Munkmarsch, Heefwai 4
Tel. 93 50 77
Fax (00 45) 74 83 40 90

TENNIS

Tennisclub Westerland

(C 8) Westerland, Am Seedeich 38
Tel. 67 29, Fax 227 94
10 Außenplätze, (16 €) 3 Velour-Teppich-Hallenplätze (20 €, ab 21 Uhr 13 €), tgl. 8-24 Uhr

Tennisanlage Rantum

Familiär. Dazu Minigolf, Sauna und Café (nur Getränke).
(C 10) Rantum, Hafenstr. 12
Tel. 225 84 oder 232 56
Fax 284 31
Ostern bis Mitte Okt., 10-18 Uhr umd nach Bedarf, Std. 6 €

Golf am Meer: Putten beim Turm

MIT KINDERN UNTERWEGS

In der Riesensandkiste

Wenn die Eltern müde gespielt sind, stehen den Kleinen jede Menge Betreuungsangebote zur Wahl

Jeder ist ein Künstler: Skulptur beim Donaldson Beach Challenge

Kamp'ino Kinderclub Kampen

Koch-, Mal-, und Bastelkurse im Kinderkino
Infos: Kurverwaltung Kampen
(D 6) Kampen, Kaamp-Hüs, Hauptstraße 12, Tel. 469 80
Fax 46 98 40, www.kampen.de

Sylter Ferien-Kinder-schauspielschule

Kurse für Kids und Jugendliche zwischen 6 und 18 Jahren: Sprech- und Atemübungen, Improvisation und Rollenspiel, sicheres Auftreten beim Casting.
Infos: „New Talent" Kinderschauspielschule und Agentur Legienstr. 10, 22111 Hamburg
Tel. (040) 73 67 42 43, www.newtalentschauspielschule.net
oder Kurverwaltung Kampen
Um 100 €, Juli/Aug.

Donaldson-Beach-Art-Challenge

Bizarrer Wettkampf der besten Sandskulpturen-Künstler. Eine Jury prämiert die schönsten Gebilde. Für Jung und Alt, einige hundert Teilnehmer.
Strandübergang Sturmhaube.
Infos und Anmeldung: Kurverwaltung Kampen (D 6) Kampen Kaamp-Hüs, Hauptstr. 12
Tel. 469 80 Fax 46 98 40
www.sylt-classics.de/donaldson
Wochenende im Juli/August

Strandolympiade Kampen

Um die 150 Rabauken hüpfen in Säcken um die Wette, schreiben Gedichte und buhlen um die schönste Verkleidung. Auch schon mal prämiert: eine kunstvolle Kopfbedeckung aus Babywindeln.
(D 5) Strand von Kampen
Übergang Sturmhaube. Infos: Detlef Tappe, Hotel Walter's Hof Kurhausstr. 23, Tel. 98 96-0
Fax 455 90, www.walters-hof.de

Trachtentanz

Kinder-Trachtentanzgruppe der Söl'ring-Foriining (Friesischer Heimatverein). 3 bis 14 Jahre, Trachten zum Ausleihen.
(D/E 8) Keitum, C.-P.-Hansen-Allee, Anmeldung bei Ute Farenburg Tel. 242 20, oder Heidi Holst Tel. 89 02 91
Söl'ring Foriining
(E 8) Keitum, Am Kliff 19 a
Tel. 328 05, Fax 328 84
Soelring-Foriining@t-online.de

Motocross-Bahn

Minimotorräder für Minibiker ab 6 Jahre. Voraussetzungen: sicheres Fahrradfahren, lange Hose und feste Schuhe.
Sportplatz hinter der Norddörfer Halle
(D 6) Wenningstedt, Norddörfer Straße, Infos: Kurverwaltung Strandstr. 25, Tel. 44 70, Fax 44 740
Juni-Aug., Ostern u. Pfingsten 10-13 u. 15-20 Uhr

Strandolympiade Wenningstedt

Nach dem Vorbild der Fernsehshow mit Michael Schanze „Spiele ohne Grenzen". Wett-

kämpfe (z. B.Wasser in einem Sieb transportieren) für Kinder und Erwachsene. Strand von Wenningstedt, Hochsaison.
Kurverwaltung Wenningstedt
(C 6) Wenningstedt, Strandstr. 25
Tel. 44 70, Fax 447 40
www.wenningstedt.de
Startgebühr 2 €

Villa Kunterbunt

Betreuter Kindertreff an der Strandpromenade von Westerland, 3-13 Jahre.
(C 7/8) Westerland
Obere Kurpromenade
Tel. 99 82 75, Fax 998 60 00
Hochsaison Mo-Fr 9-17 Uhr, Nebensaison 9.30-14 Uhr, im Jan. und Feb. 3 Wochen geschl.

Teenie-Dance

Einmal pro Woche werden die Tresen der Nobel-Discos „Rotes Kliff" und „Pony" von Gummibärchen statt von Longdrinks überschwemmt. Abhotten wie die Großen für Youngsters ab 8.
Infos: Kurverwaltung Kampen
(D 6) Kampen, Kaamp-Hüs
Hauptstraße 12, Tel. 469 80
Fax 46 98 40, www.kampen.de
Do 18-21.30 Uhr

Piratenfahrten

Seeräuber Roberto stürmt mit den kleinen Korsaren die „Gret Palucca", einen 40 Jahre alten Kutter. Auf See wird ein Fahrgastschiff gekapert – die Beute: Süßigkeiten. Riesenspektakel.
Insel- und Halligreederei
(C 8) Westerland, Boysenstr. 13
Tel. 987 00, Fax 263 00
www.adler-schiffe.de
Von Ostern bis Ende Oktober
Di und Fr 16 Uhr, Kinder 10 €
Begleitperson (empfohlen) 15 €

Legoland Billund

Aus 50 Millionen quietschbunten Steinchen gebaut. Zeigt alles, was Lego hat.
Legoland Billund/Dänemark
Tel. (00 45) 753 31 33 33
Fax (00 45) 75 35 31 79
www.legoland.de
Tickets: Sylter Verkehrsbetriebe
(C 8) Westerland, Infopavillon am Bahnhofsvorplatz
Tel. 83 61 00, Fax 836 10 17
geöffnet März-Okt., mit dem Bus vom ZOB Westerland, jeden Do 7.45 Uhr und nach Bedarf, Kinder 39 €, Erw. 41 €

Babysitter

Wichtig, um beim Sonnenuntergang am Strand die Zweierbeziehung zu liften.
Kurverwaltungen und Babysittervermittlung Tinnum
Tel. 92 95 34; Villa Kunterbunt Westerland, Tel. 99 82 75 (s. o.)

Wahrschau! Pirat Robertos Performance ist zum Gänsehautkriegen. Leichtmatrose Peter flunkert, dass sich die Planken biegen

MERIAN | TIPP

Modekiez Keitum

Kampen hat zu kämpfen. Auch auf Sylt suchen die Käufer immer weniger nach dem protzigen Ambiente. Stattdessen wollen sie Konsum im behutsam anachronistischen Setting: Daher verlagert sich die Boutiquen-Szene immer mehr von Kampen nach Keitum. Hier finden sich die Stores der großen Designer und die kleinen Geschäfte mit edlen Kashmirpullovern (oben: der Herrenausstatter SOR) oft versteckt in den geduckten Friesenhäusern des Kapitänsdorfes, das somit auch keines mehr ist: in der Straße Gaat, dem Keitumer Modekiez, reiht sich eine Boutique an die andere. Auch Schmuck kauft man hier: Das Kunsthandwerk zieht es seit jeher in den romantischen Ort im Osten der Insel. Selbstverständlich besteht auch noch in Kampen eine gute Auswahl an edlen Labels – doch hier ist es richtig teuer und schon lange nicht mehr richtig romantisch.

„Oma Janssens Kräutergarten": die Tee Manufaktur mischt selbst

LEBENSMITTEL

Das friesische Käselädchen

Die ehemalige Ziegenkäserei hat Ende der 90er Jahre ihre Tiere an einen Biolandbetrieb auf dem Festland verkauft. Von dort kommen jetzt die Produkte. Die Ziegenfrischkäse-Variationen bereitet Inhaberin Dörte Dethlefs allerdings noch selbst zu. Im Angebot ist alles von der Ziege, auch Frischfleisch, dazu ebenfalls Produkte anderer Wiederkäuer.
(D 9) Keitum, Siidik 6
Tel. 96 74 41, Fax 96 74 42

Biobauernhof Detlefs

Ein Bauernhof, wie er im Kinderbuch steht: Ziegen, Schweine, Kühe, Schafe, Getreide- und Gemüsefelder – wenn auch das meiste nur zum Angucken. Geschlachtet wird hier nicht mehr, auch der Anbau ist zurückgegangen. Nur das Brot entsteht in eigener Backstube noch aus Inselweizen. Dazu Sylter Honig, Milchprodukte, große Auswahl namhafter Bio-Anbieter.
(D 7) Wenningstedt/Braderup
M.-T.-Buchholz-Stig 1
Tel. 444 75
Fax 47 53

Feinkost Meyer

Natürlich sind auch die Supermärkte auf der friesischen Nordseeperle nicht bloß Supermärkte (abgesehen übrigens vom Aldi in Tinnum, der als einziger Laden auf Sylt Festlandspreise hat). Jörg Meyer führt ein hochästhetisches Schlemmerparadies unter SPAR-Ägide, mit leuchtenden Gemüsepyramiden, 800 Weinsorten, Käse aus den Pyrenäen, Krabbenfleisch aus Büsum. Eindrucksvoll.
(D 7) Wenningstedt
Osterweg 1-5,
Tel. 48 21, Fax 457 20
feinkost@syltnet.de

Friesenbäckerei Abeling

Hier gibt es die besten Brötchen der Insel. Der Hit: Schrippen und Hamburger Rundstücke, die noch schonend per Hand gefertigt werden und nicht aus der Maschine kommen. Keine Backmischungen, das Rezept der Zutaten ist schon seit vier Generationen geheim. Auch die Kliffkanten sind nirgends leckerer. Weitere Renner: Friesenbrot, Mohn- und Friesischer Butterkuchen.
(C 8) Westerland
Maybachstraße 15
Tel. 225 42
Fax 92 93 66

Ziegenkäse ist eine der raren echten Inselspezialitäten

Tee Manufaktur Sylt

Tee ist das Lebenselixier der Friesen. Das Getränk ist seit 1753 auf der Insel bekannt, als angeblich einige Kisten mit Teeblättern aus China und Japan als Strandgut antrieben. Ernst Janssen ist die Institution zum Thema. Er hält Teeseminare sogar in Hamburg, demnächst erscheint sein Trink- und Aufbrühführer.
(C 8) Westerland
Andreas-Dirks-Straße 12-14
Tel. 29 95 88
300 verschiedene Teesorten von Klassisch über Rooibusch bis China-Grün, hier wird selbst gemischt und jeder Tee kann kostenlos probiert werden. Teeseminare, mit Verkostung, jeden Dienstag 19-22 Uhr, 11 €.

Weinhaus Schachner

Über 1500 verschiedene Weine aus aller Welt, Antipasti und 30 verschiedene Käsesorten. Brotzeit, bei der 20 Rot- und Weißweine sowie alle Brände verkostet werden können. Das Team um Martin Schachner ist kompetent und freundlich.
(C 8) Westerland
Bismarckstraße 12
Tel. 265 19, Fax 215 98

Wochenmarkt

Stände mit Obst, Gemüse, Fleisch, Fisch und Brot. Dazwischen auch viele „non-food"-Artikel, wie Korbwaren, Haushaltsartikel und Blumen.

Immer wieder ein bisschen Flair der alten Zeit zwischen den Sylter Hochhäusern.
(C 8) Westerland
Vor dem Rathaus
April-Okt., Sa und Mi bis 13 Uhr

MODE UND SCHÖNHEIT

Leder & Modewerkstatt
„Bitte vorher anrufen, damit ich auch auf der Matte stehe", empfiehlt Gewandmeisterin Margret Werner, die seit 1968 eine Lederwerkstatt auf Sylt betreibt. Ihr Lieblingsmaterial ist Ziegenvelours, das unter ihren Händen sogar weicher als Seide fallen soll. Herstellung von Hosenröcken, Kleidern, Westen und Kopfbedeckungen, vor allem Maßanfertigung.
(D 7) Wenningstedt/Braderup
M.-T.-Buchholz-Stig
Tel. 437 75

Carpe Diem
Fundgrube für all die Menschen, deren Schuhtick auch im Urlaub keine Auszeit nimmt: Ob rahmengenäht, handgemacht oder einfach nur „in": John Lobb, Alden, Stefano Branchini, Stefan Kelian, Hogan, Tod's, free lance, Jil Sander, Sebago, Camper und andere. Auch hervorragend, um hochwertige Kinderschuhe einzukaufen.
(C 8) Westerland
Elisabethstraße 1
Tel./Fax 20 17 02

Different Fashion
Klassisch-sportliche Mode, schlicht, immer in aktuellen Farben, keine Experimente: Closed, Girbaud und italienische Firmen, Herrenkollektion von Stone Island. Drei Geschäfte auf der Insel:
(C 8) Westerland, Elisabethstr. 4
Tel./Fax 83 59 45
(D 6) Kampen, Strönwai 1
Tel. 44 60 29
(D/E 8) Keitum, Gaat 2
Tel. 93 60 27

Prignitz-Moden
Zeitlos modische Institution: Prignitz führt alles, was der traditonsbewusste Sylt-Urlauber in seiner Garderobe haben muss. Riesenauswahl an Wachs- und Steppjacken von Barbour, gesamte Damenkollektion von Burberry, außerdem Stücke von Dakes, Pringle und Lodenfrey.
(C 8) Westerland
Friedrichstr. 44, Tel. 66 26

Parfümerien Viglahn
Der Klassiker für Schönheit auf Sylt, star- und sternchenerprobt. Über 1000 verschiedene Düfte auf Lager, dazu wahrscheinlich die größte Auswahl der Insel an Lippenstiften und Nagellacken. In Westerland gute Beautyfarm.
(C 8) Westerland
Friedrichstr. 29-31, Tel. 222 72
(D 6) Kampen
Hauptstraße 1, Tel. 441 77

Roy
Lässige Sports- und Fashionware von Replay, Diesel und Matador, Puma-Schuhe, insge-

Haluk Ürsal bei Carpe Diem: Ohne gute Schuhe läuft gar nichts

Bücher

Buchhaus Voss
Für die tiefschürfende Lesestunde unterm Sonnenschirm: Breites Buchhandelssortiment mit angeschlossener hochwertiger Papeterie und kleiner, aber gut sortierter CD-Abteilung: Klassik, Jazz, Waterkant.
Sehr qualifizierte und freundliche Beratung.
(C 8) Westerland
Friedrichstraße 27
Tel. 835 62 57, Fax 295 86

MERIAN | TIPP

Edda Raspé

verwandelt Granite, Edelsteine, Silber und Gold zu außergewöhnlichen und sehr edlen Schmuckstücken. Ovale und runde Formen überwiegen, bisweilen mit Symbolen und Glückszeichen. Die Künstlerin erarbeitet in ihrer Werkstatt und Galerie in Morsum überwiegend Sylter Materialien, die sie oft am Strand findet. Ihre Stücke strahlen Ruhe, Sorgfalt und Klarheit aus; sind zugleich klassisch und individuell. Schöner einkaufen als in dem abgelegenem Friesenhaus der begnadeten Goldschmiedin geht fast gar nicht mehr.
(F 9) Morsum, Täärpstig 15
Tel. 89 02 58, Fax 89 02 58
goldedda@hotmail.de

Kinder-Klunker

Birte Wieda

Runde Formen, großzügiger Schwung, helle Steine, Präsenz des Materials: in Birte Wiedas Stücken ist die Schlichtheit der Insel aufgehoben, kommentiert mit kindlichem Übermut und ein bisschen naiver Fantastik. Etwas Besonderes.
(D/E 8) Keitum, Gurtstig 26
Tel. 331 60
www.goldschmiede-wieda.de

samt in jeder Hinsicht MTV- und Soapstar-taugliche Teile.
(C 8) Westerland, **Elisabethstr. 1**
Tel. 92 75 51, Fax 92 75 52

SPORT UND SPASS

Paradise Costums

Die Alte Tonnenhalle am Lister Hafen beherbergt einen der Lieblings-Shops der Sylter Surf-Szene. Hippe Marken-Mode zu fairen Preisen. Wenn Fischkönig Jürgen Gosch und Reeder Sven Paulsen das marode Gebäude demnächst in eine moderne Markthalle verwandeln, muss der Kult-Shop eine neue Location suchen.
(F 3) List, **Tonnenhalle am Hafen**
Tel. 87 17 01

Drachen-Höhle

Basisausrüster für Strandaktive, die den stets steifen Wind nutzen wollen, um ihr knatterndes Fantasieflugobjekt über die Sonnenbadenden zu jagen. Hier gibt es alles, was die Luft bewegt: Drachen, Windspiele, Frisbees, Bumerangs (auch einen in Sylt-Form).
(C 8) Westerland, **Friedrichstr. 6**
Tel. 92 97 90, Fax 83 49 43

ANTIQUITÄTEN UND TRÖDEL

Michael Rühmling Antiquitäten

Erlesene Stücke wie die kubistische Skulptur eines Paares (Belgien um 1930) oder eine Flugzeuglampe aus Aluminium (USA 1950). Art-déco, Silber, Uhren und Gemälde.
(D 6) Kampen
Wattweg 1 (Ecke Hauptstraße)
Tel. 94 30 80, Fax 94 88 00

Alt-Angler

In der grünen Halle am Rantumer Hafen gibt es Antikes, Kunst und Trödel auf zwei Etagen. Auch auf der Suche nach geschmackvollen Mitbringseln wird man hier fündig. So mancher fand sich nach einem Besuch in dieser Ali-Baba-Höhle schon im Besitz eines Jugendstil-Schrankes, ohne das vorher einkalkuliert zu haben.
(C 10) Rantum, **Hafenstraße 3**
Tel. 234 49

Wandschmuck von 1560: Antike Fliesen bei Mylin

Antikes & Mehr

Versteckt im Industriegebiet von Tinnum. Hinter einer steilen Treppe echte Antiquitäten und gehobener Trödel ohne den üblichen Kommerz-Charakter. Nichts Nachgemachtes.
(D 8) Tinnum, **Alte Dorfstraße 9**
Tel. 212 77

Mylin

Spezialist für antike Kachelöfen aus Skandinavien, Kamine, Fliesen und Interieur. Schöne Stücke mit Echtheitszertifikat, erstklassige Reproduktionen. Unabdingbar für jeden, der sich sein neues Friesenhaus standesgemäß einrichten will.
(C 8) Westerland
Schützenstraße 17 (Öfen)
Tel. 222 17, Fax 291 38
(D/E 8) Keitum
C.-P.-Hansen-Allee 10a (Fliesen)
Tel. 317 07, Fax 93 60 14
(F 3) List, **Dünenstraße 1 (Öfen)**
Tel. 87 08 45, Fax 87 17 38
www.mylin.de

Sylt Markt

Sehr gut sortierter Flohmarkt, auf dem 300 private Aussteller seit 1990 Edel-Trödel verhökern. Marktsaison von Ostern bis Mitte Oktober.
In Hörnum am ersten, in Wenningstedt am zweiten, in List am dritten und vierten Wochenende im Monat

EINRICHTUNGEN

Pro Casa Wohnkultur

Hochwertige Bettwäsche, Tischwäsche aus ägyptischer Baumwolle, teils unbehandelte Materialien, Naturtöne, vieles in Italien gewebt. Dazu

Alles was flirrt und fliegt, für Kinder und andere Profis: Drachen-Höhle

Handtücher, Bademäntel, Seifen- und Wellnessartikel.
(D/E 8) Keitum, Gurtstig 17
Tel./Fax 95 72 72

Strandkorb & Co.

Eldorado für Strandkorb- und Gartenfreunde. In einer sehenswerten Außenanlage formschöne Open-Air-Möbel, Wasser-Skuplturen, Gartenpavillons und Wohnaccessoires. Natürlich werden die etwas sperrigen Souvenirs bundesweit geliefert.
(F 3) List, Listlandstraße 12
Tel. 87 73 90

frische Herzlichkeit, die schon beim Betreten des Geschäftes spürbar wird. Schöne und exklusive Verführungen fürs Portemonnaie.
(D 6) Kampen, Hauptstraße 15
Tel. 410 01

Kunststück Gedreht & Gemalt

Hier entstehen bizarre, ja fast surrealistische Töpfe und Figuren, deren Grundformen aus Porzellan oder Steinzeugton auf der Töpferscheibe gedreht und mit Menschen, Tieren, Pflanzen, Strukturen und Zeichen bemalt werden. Ein

Witthüs: Anspruchsvolles Kunstambiente im Puppendorf Keitum

bisschen Niki de St. Phalle. Regine Skodula und Till Bruttel fertigen auch Ketten, Broschen und Ohringe gemeinsam mit der Keitumer Goldschmiedin Antje Ballauf.
Kunststück Gedreht & Gemalt
(D/E 8) Keitum, Gaat 6, Tel. 315 87
Goldschmiede Antje Ballauf
(D 8) Keitum, Kirchenweg 4
Tel. 312 66

Friesland Strandkörbe

Interessant für alle, die ihr unvergessliches Insel-Feeling nach Balkonien mitnehmen möchten. Individuelles Design, große Stoffauswahl, Erfüllung von Sonderwünschen à la Gunther Sachs (z. B. ein Korb mit eingebauter Stereoanlage)
(F 9) Morsum, Am Bahnhof
Tel. 89 13 21, Fax 89 10 11
Strandkorb ab 820 €

Einrichtungshaus Hoppe

Anna Hoppes Hobby sind Friesenmotive überall, besonders aber auf Bett- und Tischwäsche, vielfach eigene Entwürfe. Außerdem: Landhausmöbel, Kunstgewerbe, Dekostoffe. Schräg gegenüber bietet ein anderer Spross der Familie Polster- und Kiefernmöbel an.
(C 8) Westerland, Norderstraße 24
Tel. 50 55, Fax 50 57

KUNSTHANDWERK/ SCHMUCK

Brahmfeld & Gutruf

Das Familienunternehmen hebt sich nicht nur durch kreativen Eigenkollektionen mit Farbsteinen aus Brasilien, Indien und Südafrika aus der Masse der Kampener Edeljuweliere ab, sondern auch durch ihre

Glashaus Westphal

Exklusive Trinkgefäße, Masken, Bildplatten, Raumteiler und Schmuck aus Glas. Der interessierte Kunde kann dem Glasgestalter Hans Jürgen Westphal in seiner Werkstatt bei Modellieren, Farbgebung und Oberflächengestaltung zuschauen.
(D/E 8) Keitum, Im Bahnhof
Tel. 329 33, www.westphal-glas.de

Witthüs Kunsthandwerk und Töpferei

In einem verwilderten und mit Werken ein wenig vollgestellten Garten. Schlichte Keramiken von Anka Weber aus dunklem Ton, auch schöne Werke anderer Bildhauer und Goldschmiede
(D/E 8) Keitum, Am Kliff 5a (im Heuerstich), Tel. 36 06, Fax 34 06
www.witthues-keitum.de

RÜCKBLICK

Freundschaftsspiele

Die deutsch-dänische Gemeinschaft auf Sylt

Triumphbogen: Walkieferknochen vor dem Heimatmuseum

Als im Sommer 1864 auf Sylt Soldaten aus der Steiermark landeten, hießen weiß gekleidete Jungfrauen sie willkommen. Die mit den Preußen verbündeten österreichischen Befreier beendeten die seit dem Mittelalter währende dänische Herrschaft auf Sylt. Doch da hatten sich längst die Beziehungen zwischen lokalen Friesen und dänischen Gastarbeitern zum friedlichen deutsch-dänischen Miteinander verwoben. Als Nordfriesland 1231 das erste Mal in historischen Quellen auftauchte, hieß es noch Uthlande (Außerlande) und gehörte zum dänischen Königreich. In den Jahrhunderten davor hatten sich niederländische Friesen und ein paar Wikinger auf der abgelegenen Nordseeinsel eingerichtet. Solange sie nicht aufmüpfig wurden, ließen die Dänen sie in Ruhe. Später, als die männlichen Sylter zum Walfang zur See fuhren, gingen jütländische Hilfskräfte den daheim gebliebenen Ehefrauen zur Hand. Der Arbeitsdienst im Haus und auf dem Feld entwickelte sich bald zum handfesten Liebesdienst – denn viele Walfänger blieben auf See. Ihre ortstreuen friesischen Geschlechtsgenossen beobachteten diese Entwicklung mit Missgunst: Der Keitumer Lehrer C. P. Hansen, Chronist der Insel im 19. Jahrhundert, schrieb, die dänischen Einwanderer seien zwar fleißig und sparsam, sonst aber kaum begabt. Doch trotz solcher Spannungen verschmolzen zusehends friesische und dänische Einflüsse auf der Insel. In Morsum etwa stellten Dänen die Hälfte der Bevölkerung. Das Listland im Norden der Insel gehörte bis 1864 unmittelbar zum dänischen Herrschaftsgebiet. Auseinandersetzungen beschränkten sich indes auf kleine Grenzkämpfe an der Kampener Vogelkoje. Holzpfähle teilten dort die Insel in „Listland" und „Sylt". Nicht selten verschoben Friesen aus dem Süden heimlich die Pfosten nach Norden. Woraufhin die verärgerten Listländer die Pfähle ruckzuck wieder eingruben – weiter südlich versteht sich. Heute durchdringen sich die Sprachkulturen. Die dänische Minderheit umfasst mehr als 1500 Einwohner mit deutschem Pass. Rund 350 von ihnen sind in den drei kulturellen Vereinen der Insel organisiert, politisch repräsentiert sie der Südschleswiger Wählerverband (SSW), der in Schleswig-Holstein von der Fünf-Prozent-Klausel befreit ist. Es gibt zwei dänische Grund- und Hauptschulen in List und Westerland, zwei dänische Kindergärten, sowie eine Kirchengemeinde mit dänischem Gottesdienst (sonntags 10.30 Uhr, Rosenweg 5, Westerland).

Entstehung und Besiedlung

180 000-120 000 v. Chr. Die Saale-Eiszeit formt die Geestkerne der heutigen Nordfriesischen Inseln. Rotes und Morsum-Kliff entstehen. Der Meeresspiegel liegt 100 m unter heutigem Niveau, Sylt ist noch mit dem Festland verbunden.
4000-1000 v. Chr. Der Nordsee-Pegel steigt auf 60 m unter N.N. Hochmoor-, Marsch- und Heidegebiete entstehen.
Ab **2500 v. Chr.** Bauern und Viehzüchter aus Jütland besiedeln erstmals die Geestrücken.
2 Jh. v. Chr. Steigender Wasserpegel verringert die Ackerflächen. Siedlungen veröden.
7.-9. Jh. Niederländische Friesen lassen sich auf Sylt nieder.
9./10. Jh. Wikinger errichten Rundsiedlungen auf Sylt.
Ab dem **11. Jh.** wird Nordfriesland von Dänemark aus christianisiert. Zahlreiche Holz- und Steinkirchen werden errichtet.
1141 Erste Erwähnung des heutigen Namens: König Erik III. schenkt dem Kloster Odense das „Insula Sild" genannte Eiland.

Bedrohung durch das Meer

Ab dem **12. Jh.** kommt es an der Nordseeküste vermehrt zu katastrophalen Sturmfluten mit tausenden Toten und schweren Landverlusten.
1362 Naturgewalt formt Sylt zur Insel („Große Mandränke").
Im **14. Jh.** entvölkert die Pest die Ortschaften fast völlig.
1425 Heringsfang beschert den Syltern 100 Jahre Wohlstand.
1435 Sylt wird politisch geteilt: Listland gehört zur dänischen Krone (bis 1864), der Süden zum Herzogtum Schleswig.
1436 An Allerheiligen versinkt der Ort Eidum in den Fluten.
16./17. Jh. Kulturelle Blüte unter den Gottorfer Herzögen.
Ab **1630** erleben die Fischer mit dem Walfang einen zweiten Aufschwung. Viele Bewohner leben von der Seefahrt.
1713/21 Die gesamte Insel fällt an den dänischen König.

Frühe Blüte des Tourismus

1857 Eröffnung des ersten Seebades in Westerland.
1864 In der Folge des Deutsch-dänischen Krieges kommt Sylt mit Schleswig und Holstein zu Preußen.
1905 Gründung des Heimatschutzvereins *Söl'ring Foriining*.
1913 Eröffnung des Flughafens.
1920 entscheiden sich die Sylter in einer Volksabstimmung zum Verbleib bei Deutschland.
Ab **1925** wird Sylt zunehmend von Prominenten besucht.
1927 Eröffnung des Hindenburgdamms sowie des ersten offiziellen FKK-Strandes im Klappholttal.
1935-39 Kasernen, Bunker und Werften verändern das Gesicht der Landschaft. Bei List, Hörnum und Westerland werden Fliegerhorste angelegt.
1939-45 Mehr als 1300 Häftlinge der Nazis werden auf Sylt zur Arbeit gezwungen.
Nach **1948** leben Fremdenverkehr und Promi-Treffpunkte wieder auf. Neue Hotels und Pensionen werden gebaut.
1970 Die Inselbahn wird ab-, das Straßennetz ausgebaut.
1981 Eine Sturmflut spült 25 Meter Inselsubstanz ins Meer.
1985 Einrichtung des Nationalparks Wattenmeer.
2000 Die Insel verbucht über 650 000 Übernachtungsgäste.

Bei Kaiserwetter: die Westerländer Friedrichstraße im Jahr 1905

MERIAN-Straßenkarte
SYLT
Orte
Archsum ....E 9
Braderup ....D 7
Hörnum ....B/C 14
Kampen ....D 5/6
Keitum ....D/E 8/9
List ....F 3
Morsum ....F 9
Munkmarsch ....D 7
Rantum ....C 10/11
Tinnum ....C/D 8
Wenningstedt ....C/D 6/7
Westerland ....C 7/8
DÄNEMARK
Lister Tief
Ostindienfahrerhuk
Leuchtturm List-West
Westellenbogen
Ellenbogen
Leuchtturm List-Ost
Ostellenbogen
Ellenbogen-spitze
Königshafen
Ellenbogenberg 28
Mautstation
West-strandhalle
Vogelschutzinsel
Uthörn
Mövenberg
Nordsee
Kurweg
Listland
Manne-morsum-tal
List
Hafen
Havneby (Rømø) (Autofähre)
Naturschutzgebiet
Sahara
Sütterknoll 31
Mellhörn
Blidselbucht
Süderheidetal
Westerheide
Klappholttal
Lister Ley
Jugendseeheim Kassel
Kampener Vogelkoje
Nielönn (Naturschutzgebiet)
Kinderheim Vogelkoje
Wattenmeer
Buhne 16
Nationalpark
Schleswig-Holsteinisches
Wattenmeer
Wester Ley
Haus Kliffende
Sturmhaube
Klenderhof
Kampen
Rotes Kliff
52,5 Uwe-Düne
Leghörn
Dünenlandschaft (Naturschutzgebiet)
Leuchtturm Rotes Kliff
Pandertief
Hünengrab Denghoog
Braderuper Heide (Naturschutzgebiet)
Butter-sand
Wenningstedt
Braderup
Weißes Kliff
Rauling-sand
Munkmarscher Fährhaus
Munkmarsch
Regionalflughafen Westerland-Sylt
Kurhaus
WESTERLAND
Klentertal
St. Severin
Grünes Kliff
Altfriesisches Haus
Tinnum
Tinnumburg
Süderende
Keitum
Tipkenhoog
Mittelsand
Sil (Siel)
Kaamp
Kurweg
Eidum-Vogelkoje
Dikjen-Deel
Baakdeel Natur- und Vogelschutzgebiet
Archs-Wial
Morsum-Kliff
Munkhoog 23,2
Naturschutzgebiet
Hindenburgdamm
Archsum
Schellinghörn
Morsum
Nösse
St. Martin
Kleinmorsum
Tiefs-Wial
Rantum-becken
Sylt - Ost
Osterende
Sylt-Quelle
Wall
Rantum-Inge
Katrevel
Nössedeich
Morsum-Odde

tlichkeiten im Gartencafé.
ninzimmer, Bibliothek.
) Lerchenweg 6
94 54 34, Fax 94 54 31
w.ulenhof.de €€

TELS | KAMPEN

nenhof-Hotel Garni MMM

2 komplett renoviert total neuem Innenleben. vorragende Lage mitten in npen mit einem der schöns- Blicke über die Heide zum nem Meer. Nur ein paar nuten zum Strand, ebenso zur Szene. Zimmer teil- se mit eigener Terrasse und sischer „Klönschnacktür" zum Plaudern mit den Nachbarn oben geöffnet werden kann. Wellnessbereich: 150 Sterne in Originalkonstellationen der Nordhemisphäre zieren den Himmel des Römischen Dampfbades.
(D 6) Kurhausstraße 8
Tel. 426 45, Fax 440 16
www.ahnenhof.de €€€

Uns to Hus MM

Kleines Friesenhaus für Anspruchsvolle. Frühstücksraum mit Flair, ein Glas Champagner gibt es schon mal gratis morgens dazu, windgeschützter Garten, urig. Auch Johannes Heesters war schon hier.
(D 6) Wulde Schlucht 2
Tel. 985 80 €€

Stilles Wasser im Hotel Strandhörn: der großzügige Day-Spa

Westerland – kleinste Metropole Deutschlands

Wer vermag sich noch vorzustellen, dass die Fußgängerzone am Meer einmal eine hinreißende Bäderstadt war, mit Hotels im weißen Zuckerbäckerstil der Kaiserzeit? Dass Westerlands Kern heute auch an einer Seitenstraße hinter dem Berliner Bahnhof Zoo liegen könnte, hat Sylt der Baubegeisterung seiner großen Zeit in den sechziger Jahren zu verdanken. Doch der Schein trügt: Das alte Westerland, 1462 als Nachfolger des im Meer versunkenen Eidum erstmals erwähnt, ist keinesfalls verschwunden: 180 Gebäude der Stadt mit ihren heute 9200 Einwohnern gelten als historisch wertvoll.

Walter's Hof M

Diese Luxusherberge gehört zu Kampen so wie Kampen zu Sylt gehört. Wenn es einen Ort gibt, wo die Promis aus *Gala* und *Bunte* absteigen, dann hier. Durchweg modernster Komfort. Spitzenrestaurant, wohlsortierte Bar. Herrliche Terrasse, sagenhafter Blick aufs Meer, und ein Hauch Heideduft. Bei schönem Wetter ist immer was los, dann sitzen hier Otto Rehhagel, Otto Waalkes, Dieter Bohlen, die „Skorpions" und andere Tonangeber.
(D 6) Kurhausstraße 23
Tel. 989 60 Fax 455 90 €€€

HOTELS | SYLT-OST

Kamp's

Sehr schön zum Ausspannen in ländlicher und doch gehobener Atmosphäre. Die vier Zimmer und drei Apartments sind mit Antiquitäten und Designmöbeln eingerichtet, u. a. „Trecca"-Betten und „Luce Plan"-Lampen.

Auch das Frühstück lässt keine Wünsche offen: Wann, wo und wie, kann jeder Gast selbst bestimmen. Früh reservieren. Verbunden mit dem legendären Café und einer Kunstgalerie (s. auch S. 119).
(D/E 8) Keitum
Gurtstig 41
Tel. 983 90, Fax 98 39 23
www.kamps-sylt.de €€

Wolfshof garni

Renoviertes Friesenhaus am östlichen Dorfrand. Vier Einzel- und neun Doppelzimmer in persönlicher Atmosphäre. Viele Stammgäste.

Landhaus Maron M

6 Zimmer im schlichten Landhausstil in einem 100 Jahre alten Reetdachgebäude, teilweise Wattblick, sehr ruhig. TV und Waschgelegenheit im Zimmer, Toilette auf dem Gang. Es gibt auch ein Mehrbettzimmer (3 Personen) mit eigenem Bad.
(F 9) Morsum, Feskerdam 7
Tel. 89 03 24, Fax 89 11 85
www.landhaus-maron-sylt.de €

Hotel Alte Strandvogtei

Direkt an Rantums romantischer Wattseite. Kuschelige Friesenzimmer oder exklusiv-moderne Apartments zum Teil

Landhaus Stricker: historische Kulisse für die magischen Momente

Idyllische Gartenterrasse, Schwimmbad und Sauna.
(E 8/9) Keitum
Osterweg 2
Tel. 99 59 00, Fax 311 39
www.hotelwolfshof-keitum.de
wolfshof-keitum@web.de €

Am Morsum-Kliff

Ein Juwel mitten im Naturschutzgebiet und ein Kleinod der Entspannung: Die wunderschöne Immobilie hieß bis vor kurzer Zeit „Landhaus Nösse". 2003 wurde sie von Rudolf Schwenn (ehemals „Windrose") gemeinsam mit Renée Kreis (vom Familien-Top-Betrieb „Miramar" in Westerland) übernommen. Die edle Ausstattung der zehn Zimmer mit Wattblick wurde nicht verändert. Nur das Restaurant wird bürgerlicher, den ganzen Tag über soll es kleine und große Gerichte geben.
(G 9) Morsum, Nösistich 13
Tel. 836 32-0, Fax 836 32-36
www.hotel-morsum-kliff.de
€€€

mit Kamin oder Kachelofen. Herrlicher Blick, idyllisch. Windgeschützte Terrasse, auf der auch Langschläfer frühstücken können. Sauna, Dampfbad, Solarium. Individuell.
(C 10) Rantum, Merret-Lassen-Wai 6, Tel. 922 50, Fax 291 57
www.alte-strandvogtei.de
€€€

Landhaus Stricker MM

Historisches Setting im stolzen Friesenhaus. Dazu hervorragende, ländlich-asketisch eingerichtete Zimmer, und eine riesige Beauty-Spa (700 Quadratmeter). Angeschlossen ist eines der exquisitesten Sylter Restaurants, geleitet von Holger Bodendorf (ehemals Küchenchef des „Veneto" im Hotel „Windrose"). Zwei Genussstufen zur Wahl: verfeinert regional in Tenne und Kaminzimmer, mediterran im Restaurant.
(D 8) Tinnum, Boy-Nielsen-Straße 10, Tel. 889 90
Fax 889 94 99, www.landhaus-stricker.de €€€

FERIENWOHNUNGEN

Das Ikea-Prinzip

Selten auf Sylt: preiswert wohnen

Appartements & Mehr: Zwisch Plüschsofa und Philippe Starck

Es gibt auf Sylt nur zwei Preislagen für die Übernachtung: low budget oder high class. Das mittlere Segment existiert zwar, die immensen Preise jedoch stehen in keinem Verhältnis zum Gebotenen. Vor allem nicht in Westerland, wo sich Hotels schon winzige Zimmerchen fürstlich bezahlen lassen. Daneben gibt es eine Masse von Privatunterkünften und kleinen Pensionen. Diese rufen zwar meist keine Freudenschreie hervor, erfüllen aber überwiegend ihren Zweck. Leider immer noch oft unerbittlich im Einrichtungsstil des „Gelsenkirchener Barock" gehalten, schonen sie zumindest den Geldbeutel. Solche Wohnungen können über die Kurverwaltungen angefragt werden (Tel. s. S. 110). Wer mehr will, kann auf ein paar Spezialvermittler ausweichen, die akzeptable oder sogar sehr schöne Apartments anbieten – bis hin zu ganzen Friesenhäusern. MERIAN hat nachstehend einige ausgewählt.

Appartements & Mehr, Markus Wenzel (D 6) Kampen, Möwenweg 3, Tel. 995 95-0, Fax 995 95 15, Freecall 0-800-1-52 67 36, www.kampeninfo.de Ob das „Haus Civetta" mit Philippe-Starck-Möbeln, das „Haus Hiidhüs" mit Whirlpool im Schlafzimmer – wer eine besondere Unterkunft sucht, sollte sich an Markus Wenzel wenden. Er vermittelt 80 Objekte vom Ein-Zimmer-Apartment bis zum frei stehenden Reetdachhaus, nicht nur in Kampen. Neu: „Alte Wäscherei": ein High-End-Ferienhaus mit 190 m². Viel fürs Geld bietet die Wohnung „Kampbarg" – eineinhalb Zimmer, modernes Design, Meerblick, ab 80 €. Häuser von 130-550 m², gute Internetpräsenz, 24-Std.-Hotline. Angebote wie „Sauna-Relax-Woche" in der Nebensaison.

Christa Cantzler-Pahlen (D 6) Kampen, Börderstich 3B Tel. 47 83, Fax 462 10, www.ccp-kampen.de 20 ausgewählte Adressen in Kampen und Munkmarsch: Ferienhäuser, Hausteile und Wohnungen.

Apartmentvermietung Enkelmann (D 7) Munkmarsch, Munkhoog 43, Tel. 93 50 47, Fax 93 50 49, www.sylt-appartements.de Große Auswahl an Wohnungen vor allem im verträumten Braderup und im idyllischen Munkmarsch.

Litzkow (F 9) Morsum, Täärpstig 25, Tel. 97 70 70 Fax 97 70 71, www.litzkow-sylt.de Wer die absolute Abgeschiedenheit wünscht, wird hier bestimmt fündig. Spezialanbieter für Morsum und Archsum, Häuser nicht besonders schick, dafür aber oft relativ günstig. Wenn Sie zwei Tage vor Anreise (nicht an Sonn- und Feiertagen) Ihre Einkaufsliste an den Supermarkt in Morsum faxen, ist der Kühlschrank bereits bei Ankunft gefüllt. **Fax 046 51-88 95 87**, den Namen des Hauses nicht vergessen!

MERIAN | TIPP

Ein Bett im Naturschutzgebiet

Uethörn M M

Sylt einmal ohne Rummel. So muss es einst hier gewesen sein: eine schweigende Dünenwelt, in der nur hartes Gras und Sand im unaufhörlichen Wind rascheln und das Licht seine ständig wechselnden Gemälde stumm über Himmel und Landschaft gießt. Dann und wann blökt ein Schaf. Denen und den Lerchen gehört das Listland, an dessen äußerster Spitze Conny und Nils Diedrichsen in zwei Gebäuden der ehemaligen Austernzuchtstation Ferienwohnungen vermieten (drei großzügig und modern, die Dachwohnung darüber noch im Bäderstil der siebziger Jahre). Vor allem Kinder werden sich an den Aufenthalt hier gern erinnern: Die Wattflächen des Königshafens sind nur ein paar Schritte entfernt.
(F 2) 25992 List-Ellenbogen
Tel. 87 02 18, Fax 87 74 09
www.uethoern.de €

Weitere Top-Hoteladressen finden Sie im Hauptteil auf Seite 105

Hotel Ulenhof in Wenningstedt: ein eigenes kleines Friesendorf am stillen Gewässer

HOTELS | WESTERLAND

Dorint Strandhotel

Im modernistischen Friesenstil erbauter Großkomplex südlich von Sylt direkt am Wasser, stilvoll und gehoben, jedoch im etwas kargen Ambiente der Kette, auch wenn die sich zunehmend als Trendsetter versteht. Großzügige Körperbehandlungszone, Kinder werden beaufsichtigt.
(C 8) Schützenstraße 22-26
Tel. 85 00, Fax 85 01 50
www.dorint.de/sylt €€€€

Terrakotta-Flair: Strandhotel

Strandhotel Sylt M

Endlich ein Hotel Garni in Westerland, das mit gutem Gewissen empfohlen werden kann. 53 Suiten und Maisonetten im italienischen Stil, mit Pantry. Viel Terrakotta, Gelb- und Rottöne. Guter Fitnessbereich. Nur ein Katzensprung zum Strand und zur Friedrichstraße.
(C 8) Margarethenstraße 9
Tel. 83 80, Fax 83 84 54
www.strandhotel-sylt.de €€€

Hotel Uthland M

Hotel Garni mit angeschlossener kleiner Bar. Frisch renovierte Zimmer, Kiefernmöbel, schöne Stoffe. Betten mit Gesundheitsmatratzen. Sauna und Solarium. Gartenterrasse mit Strandkörben. Angenehmer persönlicher Service.
(C 8) Elisabethstraße 12
Tel. 986 00, Fax 98 60 60
www.hotel-uthland.de €€

Hotel Wünschmann

Familiär geführtes Haus neben dem Freizeitbad Sylter Welle. Zentral und strandnah. Restaurant, Abendkarte für Hausgäste.
(C 8) Andreas-Dirks-Straße 4
Tel. 50 25, Fax 50 28
www.hotel-wuenschmann.de
€€€

HOTELS | WENNINGSTEDT

Hotel Berlin M

Helle, frisch renovierte Zimmer mit Kiefernmöbeln, persönliche Atmosphäre, gutes Frühstücksbuffet, 3 Minuten zum Strand.
(C 7) Risgap 16
Tel. 98 46 00, Fax 410 76
www.hotel-berlin-sylt.de €€

Pension Haigle M

Privatzimmer mit Frühstück, Dusche und WC auf der Etage, Kühlschrank zur allgemeinen Benutzung. Die Wirtin umsorgt ihre Gäste seit vielen Jahrzehnten äußerst zuvorkommend. Die Einrichtung hat sich in dieser Zeit allerdings auch nicht geändert.
(C 7) Westerstraße 20-20a
Tel. 430 16 €

Strandhörn M M

Schöne Lage am Strandübergang, intimer Wellnessbereich, zum Teil etwas verwinkelte Zimmer, exzellentes Restaurant. Freundliches Personal, sehr gutes Frühstücksbuffet.
(C 7) Dünenstraße 1
Tel. 945 00, Fax 457 77 €€€

Sylter Domizil M

Komfortables 4-Sterne-Hotel mit gutem Wellness- und Fitnessbereich, Allergikerzimmer, 250 Meter zum Strand, kostenfreier Internetdesk im Haus.
(C 6) Berthin-Bleeg-Straße 2
Tel. 829 00, Fax 82 90 29
www.sylter-domizil.de €

Ulenhof M

Exklusive kleine Anlage reetgedeckter Häuser in ruhiger Lage zwischen Dünen und Dorfteich. Swimmingpool, Sauna, Dampfbad. Klassische Hotelzimmer im „Gartenhotel". In „Residence" und „Dependance" schön eingerichtete Apartments mit klaren Linien, harmonischen Farben, teilweise mit Terrasse. Von 17 bis 21 Uhr kleine

Wattenmeer
Nationalpark
Schleswig-Holsteinisches
Wattenmeer
Steenack
Nordsee
Rantumlohe
Hörnumloch
Burgberg
Samod
Klein-Fli
24
Groß-Fli
21
Sansibar
Kurweg
Jugend-
ferienheim
Puan Klent
Thornhörn
23
Sandwatt
Möskental
Hörnumer
Nehrung
Fünfstädte-
heim
Jugenderholungsheim
"Möwennest"
Schutzstation
Wattenmeer
Steintal
Hafen
Hörnum
22
Hörnum-Odde
(Naturschutzgebiet)
Helgoland, Amrum,
Föhr, Halligen
0
1,5 km
© MERIAN-Kartographie
Hauptstraße
Nebenstraße
Wege
3,5
Entfernung in Kilometern
Kirche
Leuchtturm
Denkmal
Windmühle
Campingplatz
Golfplatz
Parkmöglickeit
Busbahnhof
Bushaltestelle
Strand
Flugplatz
National-/Naturpark
DÄNEMARK
Rømø
Skærbæk
Haderslev
Hårby
Ringe
Fyn
s. Straßenkarte
Havneby
Løgumkloster
Nordborg
Faborg
Stenstrup
Svendborg
List
Højer
Tønder
Åbenrå
Als
Augustenborg
Tåsinge
Rudkøbing
Spodsbjerg
Wester-
land
Gråsten
Kollund
Sønderborg
Marstal
Ærø
Langeland
Nakskov
Sylt
Wattenmeer
Niebüll
Flensburg
Glücksburg
Gelting
Bagenkop
Lolland
Föhr
Nordfriesland
Angeln
Rødby-
havn
Amrum
Bredstedt
Idstedt
Schlei
Damp
Ostsee
Nordfriesische Inseln
Pellworm
Husum
Schleswig
Kieler Bucht
Puttgarden
Nordstrand
Eckernförde
Fehmarn
Friedrichstadt
Laboe
Heiligen-
hafen
Burg
Eiderstedt
Stapelholm
Probstei
Tönning
Rendsburg
Kiel
Oldenburg
i. Holstein
Nordsee
Lütjenburg
Bungsberg
168 m
Eider
Büsum
Heide
Plön
Dithmarschen
Nord-Ostsee-Kanal
Eutin
Neustadt
i. Holstein
Trischen
Meldorf
Neu-
münster
Lübecker Bucht
Scharbeutz
Bad
Segeberg
Travemünde
Marne
Itzehoe
Cuxhaven
Elbe
Brunsbüttel
Bad
Bramstedt
Bad
Schwartau
Lübeck
Otterndorf
Glückstadt
Bad
Oldesloe
Wismar
Elmshorn
Quickborn
Hemmoor
Ahrensburg
Ratzeburg
Pinneberg
Weser
Bremer-
haven
Stade
Hamburg
Mölln
Roden-
kirchen
Bremervörde
Reinbek
Wittenburg
Berlin
Buxtehude
Geesthacht
Elbe
Bremen
© MERIAN-Kartographie
Dunsum
Föhr
Oldsum

Sportkulisse Gardasee: Klettern mit freiem Blick nach Süden

Konstrukteur der schönsten Boote der Welt: Carlo Riva

Bellagio am Comer See: Grandezza und mediterranes Flair

Zuletzt erschienen:

Mai 2003

April 2003

März 2003

Februar 2003

Januar 2003

Dezember 2002

Gardasee und Oberitalien

Aus dem Inhalt dieses Heftes:

- Abenteuer: Wo die wilden Kerle sporteln
- Arena von Verona: Arien fürs Volk
- Edle Villen: Neue Kunst in alten Mauern
- Como: Labor innovativer Ideen
- Spumante aus der Franciacorta: Ein Sekt wie Seide
- Wildnis Valgrande: Im Tal der giftigen Vipern

Freuen Sie sich auf die nächsten MERIAN-Ausgaben: Shanghai, Frankfurt, Baltikum, Mauritius und Réunion

Bildnachweis

Anordnung im Layout: o=oben, u=unten, r=rechts, l=links, m=Mitte.
Titel: Marc-Oliver Schulz; S. 3 ol Michael Müller, or Samuel Zuder; m Susanne Strätz, u Wolfgang Maria Weber; S. 4 Stefan Becker, S. 4/5 Rossenbach/ Mauritius; S. 5 ol Tourismus-Service Westerland,or J. Brettschneider/ Jahreszeiten Verlag, m Alfred Steffen, ul Ernst Haeckel/Ernst-Haeckel-Haus Jena, ur Hans Jessel; S. 6 o BPK, mr Gernot Westendorf, ml Foodpix/ imagine, u Laible/Transglobe; S. 8 ol Jessel, or Syltpicture, u Paul Langrock/Zenit/laif; S. 10 o Gebhard Bücker, ml Holger Lödige, mr Jessel, u Eisenbahn Bildverlag; S. 12 o Jürgen Tap/ Hoch Zwei, m Jessel, u Syltpicture; S. 16/17 Schulz; S. 18/19 Jessel; S. 20, 21 Jessel; S. 22/23 Jessel/Premium; S. 24, S. 24/25 u Marion Beckhäuser; S. 24/25 o Gräfenhain/ Huber; S. 26/27 Gräfenhain/ Huber; S. 28 Bücker; S. 28/29 Paul Spierenburg; S. 30 Horst Kloever; S. 32 Thomas Stankiewicz; S. 34-44 Zuder; S. 46-50 Steffen; S. 54,55 Heiner Müller-Elsner; S. 56 Jessel; S. 57 o Georg Quedens, u Jessel; S. 58/59 Müller-Elsner; S. 60 Quedens; S. 61 o, u Müller-Elsner; S. 62 Quedens; S. 64 Müller-Elsner; S. 66-74 Haeckel/ Haeckel-Haus; S. 76-78 Becker; S. 80/81 Jessel; S. 81 Volker Buck; S. 82 o Buck, u Schulz; S. 83 – 84 Buck; S. 86 o Buck, u Jessel; S. 88 Jessel; S. 90-100 Schulz; S. 102 Padovan/ Mondadori/ Picture Press; S. 103 or Stephan Abry; S. 104 om U. Holsten/Jahreszeiten Verlag, or K. Geist/Jahreszeiten verlag; S. 106 ol Abry, om J.Peters/ Jahreszeiten Verlag, or Tourismus-Service Westerland, S. 108/109 Karl Johaentges/Look; S. 109 o Nik Wheeler/ Das Fotoarchiv, m Schulz; S. 111 Planetobserver.com M-Sat; S. 112 l Syltpictures, r Jessel; S. 113 Jessel; S. 114 o Hartmut Schwarzbach/Argus, m Jan Jepsen/Focus, u Jessel; S. 115 l, r Jessel; S. 117 l Johann Scheibner, r Syltpicture; S. 118 ol Scheibner, or Bücker, u Edgar Zippel/Bilderberg; S. 119 ol Jörg Brockstedt/Visum, or Laible/ Transglobe, u Jörg Lehmann/ insidecity; S. 120 o Kanicki/ Transglobe, u Konrad Wothe/Look; S. 122 ol Westendorf, or + u Jessel; S. 123 l Gräfenhain/Huber, r Jessel; S. 124 ol Syltpictures, or Jessel, u Tom Krausz/Focus; S. 125 Beckhäuser; S. 126 ol Syltpictures, or, u Schulz, S. 127-129 Schulz; S. 130 l Wothe/Look, r Peter Carstensen; S. 138 ol Gerd Heidorn/ laif, or D.P.P.I./ASA, u Ralf Kreuels/laif. Info-Grafik: S. 62 Ingrid Schobel; S. 88 Kim Wagner

MERIAN

Heft 6/2003, Juni, Erstverkaufstag dieser Ausgabe ist der 22.05.2003

MERIAN erscheint monatlich im Jahreszeiten Verlag GmbH, Poßmoorweg 5, 22301 Hamburg, Tel. 040/27 17-0, Fax 040/27 17-20 56, **Anschrift der Redaktion:** Harvestehuder Weg 42, 20149 Hamburg, Postfach 130444, 20139 Hamburg, E-Mail: Redaktion@Merian.de, Tel. 040/441 88-231, 441 88-240, Fax 040/441 88-310 **Website:** www.merian.de **Leserservice:** Postfach 601220, 22212 Hamburg, Tel. 040/87 97 35 40, Fax 040/27 17-20 79

Herausgeber:
Manfred Bissinger
Chefredakteur: Andreas Hallaschka
Art Directorin: Sabine Lehmann **Chef vom Dienst:** Tibor M. Ridegh
Redakteure: Kathrin Sander, Charlotte von Saurma **Redakteur dieses Heftes:** Andreas Weber
Magazin: Andreas Weber **Schlussredaktion:** Tibor M. Ridegh, Jasmin Wolf (stellv.) **Layout:** Cornelia Böhling
Ingrid Koltermann, Dorothee Schweizer (stellv. Art Directorin) **Bildredaktion:** Michael Kleehaupt,
Eva M. Ohms, Hanni Rapp **Bildredakteurin dieses Heftes:** Hanni Rapp **Kartographie:** Peter Münch
Dokumentation: Jasmin Wolf **Mitarbeit:** Christian T. Schön
Herstellung: Heidrun Seven **Redaktionsassistenz:** Sabine Birnbach, Katrin Eggers, Corinna Roßmann-van't Hoog
Geschäftsführung Premium Magazine: Peter Rensmann
Gesamt-Anzeigenleitung: Roberto Sprengel **Anzeigenleitung:** Christel Janßen
Anzeigenstruktur: Patricia Hoffnauer **Marketing:** Kenny Machaczek, Ulrich Rieger, Sonja Wünkhaus
Vertriebsleitung: Stefan Zastrutzki (Zeitschriftenhandel), Jan Wiesemann (Buchhandel)
Verantwortlich für den redaktionellen Inhalt: Andreas Hallaschka
Verantwortlich für Anzeigen: Roberto Sprengel

Verlagsbüros Inland:
Hamburg: Tel. 040/27 17-25 95, Fax -2520, E-Mail: vb-hamburg@jalag.de
Berlin: Tel. 030/80 96 23-60, Fax -70, E-Mail: vb-berlin@jalag.de
Hannover: Tel. 0511/85 61 42-0, Fax -19, E-Mail: vb-hannover@jalag.de
Düsseldorf: Tel. 0211/901 90-0, Fax -19, E-Mail: vb-duesseldorf@jalag.de
Frankfurt: Tel. 069/97 06 11-0, Fax -44, E-Mail: vb-frankfurt@jalag.de
Stuttgart: Tel. 0711/966 66-520, Fax -22, E-Mail: vb-stuttgart@jalag.de
München: Tel. 089/99 73 89-30, Fax -44, E-Mail: vb-muenchen@jalag.de

Repräsentanzen Ausland:
Basel: Intermag AG, Tel. +4161/275 46-09, Fax -10, E-Mail: info@intermag.ch
Brüssel: Publicitas Media, Tel. +322/639 84-29, Fax -40, E-Mail: ibellis@publicitas.com
Danderyd: Annonsbolaget JB Media AB, Tel. +46/8753 96 04, Fax 708753240, E-Mail: anette@annonsbolaget.se
Frederiksberg: Jungersted & Brostrøm, Tel. +45/33 22-20 20, Fax -9959, E-Mail: gitte.schuler@jbmedia.dk
London: The Powers Turner Group, Tel. +44 20/7630 99 66 Fax 76 30 99 22, E-Mail: cweiss@publicitas.com
Mailand: Media & Service International Srl, Tel. +39 02/48 00 61 93, Fax 48 19 32 74, E-Mail: info@it-mediaservice.com
Paris: International Magazine Company, Tel. +331/53 64 88 91, Fax 45 00 25 81, E-Mail: imc@international.fr
Madrid: AMB Publicidad y Marketing, S.L., Tel. +34 91/300-54 54, Fax -5181, E-Mail: ambp@retemail.es
Wien: Verlagsbüro Kepreda, Tel. +43 1/87 71 78-2, Fax 877 87 11, E-Mail: 1@kepreda-jahreszeitenverlag.at
New York: The Russell Group Ltd., Tel. +12 12/213 11-55, Fax -60, E-Mail: info@russellgroupltd.com

Die Premium Magazin Gruppe im Jahreszeiten Verlag

A&W Architektur & Wohnen — COUNTRY — DER FEINSCHMECKER — WEIN Gourmet — MERIAN

Gültige Anzeigenpreisliste: Nr. 37c.

Preis im Abonnement im Inland monatlich 6,37€ inklusive Zustellung frei Haus. Der Bezugspreis enthält 7% Mehrwertsteuer. Auslandspreise auf Nachfrage. Postgirokonto Hamburg 132 58 42 01 (BLZ 200 100 20), Commerzbank AG, Hamburg, Konto-Nr. 611657800 (BLZ 200 400 00)
Führen in Lesemappen nur mit Genehmigung des Verlages. Printed in Germany

Weitere Titel im Jahreszeiten Verlag: Für Sie, petra, vital, PRINZ, A&W Architektur & Wohnen, COUNTRY, DER FEINSCHMECKER, WEINGourmet, schöner reisen, ZuhauseWohnen, SelberMachen, Die Woche
Litho: Alphabeta Druckformdienst GmbH, Hamburg. Druck und Verarbeitung: heckel GmbH, Nürnberg, schlott sebaldus Gruppe
ISBN: 3-7742-6806-1 MERIAN (USPS No. 011-458) is published monthly. The subscription price for the USA is $ 110 per annum. K.O.P.: German Language Publications, Inc., 153 South Dean Street, Englewood NJ 07631. Periodicals postage is paid at Englewood NJ 07631, and at additional mailing offices. Postmaster: send address changes to: MERIAN, German Language Publications, Inc. 153 South Dean Street, Englewood NJ 07631.

JAHRES ZEITEN VERLAG

Ein Unternehmen der
GANSKE VERLAGSGRUPPE